Ralf Löffler & Gitta Peyn

MEDITATION

Alles worüber Sie Gewissheit brauchen

PUBLISHING

PUBLISHING

Impressum

Bibliografische Information Der Deutschen Bibliothek
Die Deutsche Bibliothek verzeichnet diese Publikation in der
Deutschen Nationalbibliografie.
Detaillierte Bibliografische Daten sind im Internet über http://dnd.ddb.de/ abrufbar
ISBN: 978-3-940185-12-9
Originaltitel: Meditation
Originaluntertitel: Alles worüber Sie Gewissheit brauchen
Autoren: Ralf Löffler & Gitta Peyn, 2007
Vollständige Neuüberarbeitung 2009: Ralf Löffler
Illustrationen: Kristina Scandurra
Umschlaggestaltung: Nathan White
Satz: Stefano Di Martino, Engen
Lizenz des Coverfotos: RaBaKa-Publishing 2009
© 2009 RaBaKa Publishing, 27251 Neuenkirchen, http://www.rabaka-publishing.de/
Alle Rechte vorbehalten
Printed in Germany

Inhaltsverzeichnis

Vorwort

Lieber Leser! Blättern Sie doch nicht am Vorwort vorbei! Hier stehen keine Dankesworte an Mitarbeiter oder Geschichten darüber, wie oft das Buch schon überarbeitet wurde. Hier stehen Fragen an Sie!

Frage 1

Was ist der Sinn Ihres Lebens?

Schon mal darüber nachgedacht? ... Und worauf kamen Sie? Nichts genaues, nur Vermutungen? Oder Ideologien?

Wie wäre es dann mit der Antwort: Weiterleben und lernen, über sich selbst hinauszuwachsen, immer weiter?!

Frage 2

Wann haben Sie das letzte Mal an Ihren Tod gedacht?

Denken Sie lieber gar nicht daran? ... Sollten Sie aber ... es sieht nämlich ganz so aus, dass der biologische Körper spätestens im Alter von 115 Jahren zu zerfallen beginnt![1]

---

1) Gute Pflege vorausgesetzt. Diese Alterszahl ermittelt sich als ein Durchschnittswert aus den belegten Lebensaltern der 100 ältesten Männer und 100 ältesten Frauen, die bislang auf dieser Erde gelebt haben oder derzeit noch leben. Unbelegte, jedoch faktisch mögliche Fälle reichen sogar an Lebensalter von 130-140 Jahren heran. Das beschreibt den Status quo in Sachen Altersgrenze des biologischen Körpers des Menschen.

Frage 3
Was haben Sie bislang mit/in Ihrem Leben gemacht?

Haben Sie eine Arbeit? Haben Sie einen Partner, vielleicht auch Kinder? Haben Sie eine schöne Wohnungseinrichtung und ein Auto? Leisten Sie sich ab und an etwas Schönes? Toll, und was noch?

Frage 4
Wer sind Sie?

Was unterscheidet Sie von Anderen? ... Wenn Sie über sich nachdenken, finden Sie dann Merkmale, die nicht gesellschaftskonform, sondern individuell sind?

Frage 5
Glauben Sie an die Theorie, dass Sie so ab 40 Jahren älter, schlechter, seniler, kränker werden?

Und was wollen Sie dann machen? ... Den Rest Ihres Lebens genießen? Schwebt Ihnen vielleicht ein gemütliches Rentnerdasein mit Spaziergängen und Kaffeetrinken, Kreuzworträtseln und Urlaubsreisen vor?

Und was wäre, wenn ...

- ... Ihr Leben Ihnen doch mehr zu bieten hat, als Sie bislang kennengelernt haben?
- Was wäre, wenn die Welt, die Sie erleben, gar nicht so fest und wirklich ist, wie sie erscheint?
- Was wäre, wenn Sie die Welt verändern könnten?
- Was wäre, wenn ein Weiterleben nach dem physischen Tod möglich ist, Sie aber dafür arbeiten müssten?

Was soll aus meinem Leben –
aus mir – werden?

Denken Sie jetzt! über diese Fragen nach. Nehmen Sie sich Zeit dafür! Sie haben doch Zeit, oder? Wenn Sie auch sonst durch Ihr Leben hetzen, die Tage nur so an Ihnen vorbeirinnen ... jetzt ist der Moment gekommen, in dem Sie sich Zeit für sich nehmen können. Tun Sie's![2]

---

2) Was für ein Vorwort. Da wollte man sich hinsetzen und in Ruhe ein wenig lesen ... ein paar Anregungen erhalten ... und was passiert? – Man wird mit ganz gemeinen Fragen traktiert.

1. Einleitung

Haben Sie über die Fragen aus dem Vorwort nachgedacht?
Fein, dann kann's ja weitergehen. Wir kommen jetzt dazu,
wie dieses Buch entstand und was Sie davon haben können.

Meditation

1.1. Entstehung dieses Buches

Uralte Philosophie

Beim Nachdenken über obige Fragen befinden Sie sich in guter Gesellschaft. Schon Sokrates waren sie nicht neu. Und uns auch nicht! Das waren die Fragen, die uns anregten, unser Leben zu ändern. Vorher waren wir ganz normale Leute, mit ganz normalen Zielen und Ansichten.

In uns beiden schwelten solche Fragen schon lange. Wir suchten in Glaubenssystemen aller Art nach Antworten, wie auch in der Philosophie. Dann trafen wir uns, und die Antworten auf die Fragen nahmen Form an.

Suche im Ungewissen

Es war uns klar, dass noch niemand bewiesen hat, dass wir nach dem Tode weiterleben können. Es war uns ebenso klar, dass wir, wenn wir so leben wie alle Anderen auch, die Fragen besser wieder vergessen sollten. Aber das taten wir nicht, sondern machten uns auf die Suche. Wir suchen heute noch, doch ein paar Ansätze haben wir gefunden.

*Dass es ein Weiterleben nach dem physischen Tod gibt,
ist bislang unbewiesen.*

Ansatz Nr. 1

Lernen

Ansatz Nr. 1 ist das Lernen. Uns war aufgefallen, dass die meisten Menschen mit 25 aufhören zu lernen. Was dann noch folgt, scheint eher eine Wiederholung des Gekonnten zu sein. Der Volksmund unterstützt dieses Verhalten gar, indem er behauptet, dass Menschen eben mit zunehmendem Alter immer schlechter lernen können. Wir untersuchten den Umstand und fanden heraus, dass diese These schlicht nicht passt! Das Max-Planck-Institut hat mit alten Menschen Trainingsprogramme zur Steigerung der Gedächtnisleistung durchgeführt und dabei kam heraus, dass selbst 70jährige noch lernen können, sich in 5 Minuten über 40 Zahlen in der richtigen Reihenfolge zu merken! Derartiges Training hatte enorme Auswirkungen auf ihre Gesundheit: Sie wurden agiler, lebensfroher und vitaler.

Ansatz Nr. 2

Viel Unhinterfragtes

Glaubenssätze überwinden! Als Glaubenssätze bezeichnen wir all die unhinterfragten und unausgegorenen Theorien und Modelle, die so in unseren Köpfen herumschwirren: Dieses ist soundso, jenes geht eben dies- oder deswegen nicht … Unserer Ansicht nach kann Lernen ohne die Überwindung von Glaubenssätzen nicht funktionieren. Ein Beispiel:

Verlernt zu lernen

Eine Bekannte hatte sich in einer Gesprächsrunde bemüht, ein neuartiges und funktionaleres Nachdenken über das Thema Lernen anzuregen. Sie stützte sich hierbei unter anderem auch auf besagte Versuche des Max-Planck-Institutes. Die anderen Teilnehmer hörten scheinbar interessiert zu, aber wie viele von ihnen, meinen Sie, haben den Bericht unserer Bekannten zum Anlass genommen, um praktisch etwas an sich und ihrer Einstellung zu ändern? ... Auf späteres Nachfragen in dieser Richtung bekam sie häufig eine Reaktion nach etwa folgendem Strickmuster: „ ... dass das in den Versuchen geklappt hat, das kann ja schon sein, aber es sind ja doch nur ein paar Versuche ... und im wirklichen Leben werden Menschen eben alt und senil und können dann nicht mehr dazulernen ...“

Die Funktion eines Glaubenssatzes

Der Glaubenssatz lautete: „Menschen werden alt und senil!“ Und der Glaubenssatz hat eine ganz wichtige Funktion: Man kann sich zurücklehnen und muss nicht die anstrengende Arbeit der Selbstveränderung auf sich nehmen. Doch überlegen Sie mit, was daraus für einen folgen kann: Dummheit, Alter, Krankheit, Tod.

Sich selbst zu verändern, kostet Anstrengung.
Aber den Schritt deshalb zu vermeiden, kann den Tod
bedeuten.

Wir haben ein paar typische Glaubenssätze aufgeschrieben. Welche davon bevorzugen Sie?

Typische Glaubenssätze

- Es gibt einen Gott, der regelt die Dinge. Verhalte ich mich so, wie er es vorschreibt, wird alles gut gehen.
- Menschen sterben.

- Menschen werden durch äußere Einflüsse krank.
- Es gibt Autos, Häuser und andere Menschen.
- Die Erde ist eine Kugel.
- Alle Menschen sind gleich.
- Man muss mitfühlend, freundlich und hilfsbereit sein.
- Außersinnliche Wahrnehmungen sind Halluzinationen.
- Es gibt außerirdische Wesenheiten.
- Ich bin unsterblich.

Kugel-Erde/Scheiben-Erde

Ein Glaubenssatz ist ein Glaubenssatz, solange er nicht überprüft wird. Die Erde zum Beispiel ‚ist' keineswegs eine Kugel! Vielmehr ist es leichter, die Erde als Kugel zu beschreiben und zu berechnen, denn als Scheibe. Und jetzt fragen Sie, warum die Astronauten dann eine Kugel *sehen*? Vielleicht, weil sie eine Kugel erwarten?!
Denken Sie darüber doch mal nach. Im Literaturanhang haben wir einige anregende Bücher zu diesem Thema angegeben.

Ansatz Nr. 3

Körperfitness

Den Körper fit halten. Dieses Ding da, in dem Sie jetzt sitzen, dessen Hände das Buch halten, das Sie gerade lesen, ist scheinbar sehr wichtig. Meinen Sie, dass Sie ohne es überleben können? Haben Sie das schon überprüft? Nein? Dann ist das ein Glaubenssatz. Leider besteht der einzige Weg, den endgültigen Beweis anzutreten, darin zu sterben, und das wollen wir jetzt besser nicht ausprobieren, es könnte schief gehen und das war's dann.

Der physische Körper ist wichtig, wir müssen ihn fit halten, solange wir können.

Sie brauchen ihn noch eine Weile, und Sie müssen etwas tun, damit er nicht zum Hindernis wird.

Ansatz Nr. 4

Zielfähigkeit steigern

Entspannungs- und Konzentrationsfähigkeit[3] sind der vierte Ansatz. Wir haben festgestellt, dass wir unsere Ziele umso besser erreichen, je konzentrierter und entspannter wir vorgehen. Um diese Fähigkeit zu trainieren, verwenden wir die Meditation. Und davon handelt dieses Buch.

1.2. Ihr Gewinn

So, jetzt haben wir Sie bis zu diesem Moment wohl ganz schön mit neuen und eindringlichen Ausblicken konfrontiert, oder? Hoffentlich sind Sie nicht verwirrt, das wollten wir keineswegs erreichen. Unser Ziel besteht vielmehr darin, Ihnen die Meditation so nahezubringen, dass Sie Ihre und auch unsere Motive verstehen können.

---

3) Wir werden später erklären, was wir unter diesen Begriffen verstehen. Verwenden Sie sie bitte solange so, wie Sie es bislang getan haben. Mit Sicherheit haben Sie Ihre eigenen Assoziationen zu Entspannung und Konzentration.

Das ganze Buch ist als eine Art Dialog zwischen Ihnen und uns gedacht. Deshalb möchten wir jetzt auch etwas von Ihnen wissen.

Was hat Sie dazu motiviert, dieses Buch zu kaufen?

Fragen + Antworten

- Denken Sie jetzt sofort in aller Ruhe darüber nach.
- Es ist sehr wichtig, dass Ihnen Ihre Ziele klar sind. Denn so können Sie mit unseren Anregungen und Ideen viel mehr anfangen.
- Meditation kann man nicht verkaufen. Wir befinden uns nicht auf dem Markt, sondern im Raum Ihrer Vorstellungen, Wünsche, Bestrebungen und Ziele.
- Deshalb hängt das, was Sie von diesem Buch haben können, davon ab, was Sie wollen.
  - Was also ist Ihr Ziel?
  - Schreiben Sie sich Ihr Ziel auf der nächsten Seite, die wir extra für diesen Zweck freigelassen haben, auf.
  - Formulieren Sie Ihr Ziel operational.
    - Das bedeutet: Formulieren Sie Ihr Ziel so, dass es sinnlich wahrnehmbar wird. Zum Beispiel: „In einem Jahr bin ich so entspannt, dass ich keine Kopfschmerzen mehr habe."
  - Schreiben Sie dann auf, was Sie bereit sind, für dieses Ziel zu tun!
    - Wie viel Zeit täglich wollen Sie dafür aufbringen?

21

- Welche anderen Dinge sind Sie bereit, dafür aufzugeben, welche nicht?
- Was könnte Sie daran hindern, Ihr Ziel zu erreichen?
  - Gibt es Menschen, die Sie stören könnten?
  - Haben Sie vielleicht einen kleinen faulen inneren Schweinehund, der Ihnen ab und an in die Quere kommt?

Hier ist Platz für Ihre Zielbeschreibung!

Vergleich erstellen

Haben Sie sich Ihr Ziel aufgeschrieben und auch die anderen Fragen beantwortet? Das ist gut, dann können Sie nämlich immer wieder beim erneuten Lesen dieses Buches Ihre anfängliche Zielvorstellung mit dem aktuellen Verlauf Ihres Lebens vergleichen.

Und jetzt wollen wir zeigen, was Sie alles erreichen können, wenn Sie die Anregungen dieses Buches in die Tat umsetzen.

Übungszeit

Wir setzen um die 3 Stunden täglich für Meditation und begleitende Übungen an. Das heißt natürlich nicht, dass Sie so viel oder so wenig machen müssen.[4] Es ist nur sehr schwer, konkret etwas über Ergebnisse sagen zu können, ohne den Arbeitsaufwand zu berücksichtigen. Nehmen Sie die 3 Stunden also als Richtwert.

Mögliche Ergebnisse durch Meditation binnen eines Jahres bei 3 Stunden Arbeitsaufwand:
Konzentrationssteigerung:

Meinen Sie, dass Sie sich gut konzentrieren können? Ja? Dann machen wir doch einen kleinen Test!

---

4) Wir werden auch zeitintensivere Übungspläne beschreiben. Verwenden Sie sie zur Orientierung und entscheiden Sie selbst, wie viel Sie machen können und wollen.

Kleine Übung:

- Nehmen Sie sich eine Uhr mit Sekundenzeiger.
- Setzen Sie sich locker und gefasst in einen bequemen Sessel.
- Legen Sie die Uhr auf Ihren Schoß, so dass Sie den Sekundenzeiger gut sehen können.
- Atmen Sie tief ein und aus.
- Verfolgen Sie dann für 60 Sekunden den Zeiger.
- Das Ziel ist, nur den Zeiger zu beobachten, nichts anderes.
- Sie sollen an nichts denken, nichts fühlen, nichts sonst sehen, nichts hören.
- Für 60 Sekunden gibt es nur den Sekundenzeiger.
- Bei der ersten Unterbrechung, sei es, dass Sie etwas fühlen oder die anderen Zeiger oder die Ziffern sehen oder etwas hören, stoppen Sie und sehen nach, wie viele Sekunden Sie den Zeiger verfolgen konnten.

Mehr Störungen, als man denkt ...

Okay, wir geben es ja zu, es war ein Trick. Zumindest, wenn Sie noch kein Meditierender sind, haben Sie die 60 Sekunden nicht geschafft. Das ist absolut normal!

Sie denken, Sie haben es geschafft? ... Dann prüfen Sie das bitte durch Wiederholung der Übung. Vermutlich haben Sie sich ein wenig „beschummelt". In der Regel sieht es so aus, dass Ihnen, je öfter Sie diese Übung machen, umso mehr Störungen auffallen. Das hat etwas damit zu tun, dass Sie sich Ihrer Gedanken bewusster werden.

Nach einem Jahr aber sollten Sie es können!

Und das wird enorme Auswirkungen auf Ihren Alltag haben. Diese Fähigkeit, sich so absolut zu konzentrieren, werden Sie bei allen Arbeiten im täglichen Leben spüren. Sie werden einfach selbstsicherer, zielstrebiger, konzentrierter! So schnell haut Sie nichts mehr um.

Entspannungssteigerung:

Verbesserung

Seien Sie nicht frustriert, wenn wir Ihnen jetzt lauter Sachen zeigen, die Sie noch nicht können! Das ist ja das Wichtige dabei, dass Sie wissen, wo Sie sich verbessern werden.

- Greifen Sie jetzt mit der rechten Hand in Ihre linksseitige Nakkenmuskulatur.
- Wie fühlt sie sich an? Hart, mit Knoten durchsetzt? Tut es weh, wenn Sie fester zupacken?
- Dann sind Sie verspannt.

Lockerere Muskeln

Nach einem Jahr ist Ihre Nackenmuskulatur garantiert weicher, lockerer. Das nennen wir entspannter!
Na, was für Steine schleppen Sie sonst noch an Ihrem Körper mit sich `rum? ... Im Laufe der Meditation werden Sie sich lösen. Sie werden ein völlig neues Körperempfinden bekommen. Kopfschmerzen, übertriebene Müdigkeit, Fußschmerzen, Verdauungsstörungen? ... Adé ihr Stresskrankheiten!

Intensitätssteigerung:

Ekstase

Sie sitzen in Ihrer Meditation und konzentrieren sich gut. Plötzlich beginnt es, in Ihrem Körper sanft zu kribbeln. Schauer laufen über und durch Ihren Körper. Die Schauer werden intensiver. Alle Haare auf der Haut stellen sich auf. Sanfte Gefühle ähnlich wie ein Orgasmus breiten sich von den Geschlechtsorganen durch den ganzen Körper aus, wieder und wieder und wieder. Vor Ihren geschlossenen Augen sehen Sie Licht.[5] Zart fließendes weißes Licht strömt vor Ihren Augen, Sie können das Licht fühlen. Es durchdringt Sie, es strömt durch den Körper. Sie sind unendlich glücklich. Das Kribbeln in Ihrem Körper nimmt immer mehr zu, Sie werden immer freudiger. Ihr Körper beginnt leicht zu zucken, dann zu hüpfen. Jeder Hüpfer löst eine Art Schlag in Ihnen aus. Dieser Schlag ist herrlich, ekstatisch.

Meditative Ekstasephänomene übersteigen das normale Vorstellungsvermögen.

Hört sich verrückt an, nicht wahr? Solche oder ähnliche Empfindungen sind aber bereits nach einem Jahr Meditation möglich! Das hängt davon ab, wie intensiv Sie arbeiten.

---

5) Sie werden später aus Erfahrung wissen, dass der sexuelle Vergleich etwas hinkt, es aber schwer ist, diese Erlebnisse in Sprache zu überführen – wir haben kein Vokabular, das dem gerecht werden könnte. Sexuellen Erlebnissen fehlt die Leichtigkeit, ein gewisses Nach-Oben-Streben, die nicht nur körperliche, sondern auch geistige Verzückung, die meditative Ekstase mit sich bringt. Sex ist irdisch, meditative Ekstase ist himmlisch.

Selbstveränderung

Nach derartigen Meditationen sind Sie ein anderer Mensch! Sie sind einfach fröhlicher und freier. Sie werden Ihr Leben lieben. Sie werden immer mehr wollen. Sie wissen etwas, das viele Andere nicht wissen: Sie können mit sich selbst glücklich sein, brauchen keine äußeren Anlässe. Und diese Erfahrung wird Sie dazu drängen, ein intensiveres Leben zu leben. Sie werden weniger müde, traurig und schlapp sein. Solche Meditationen frischen Sie vollständig auf.

Steigerung Ihrer Fähigkeit, Außergewöhnliches zu tun:

Begleitphänomene

Fragen Sie jetzt bloß nicht, wie oder warum Hellsehen, Telepathie, Telekinese und die ganzen anderen ungewöhnlichen Dinge funktionieren. Sie werden sich daran gewöhnen müssen, dass sie Begleitphänomene der Meditation sind. Stellen Sie sich also beizeiten darauf ein, nehmen Sie sie aber nicht zu wichtig. Sie sind Nebenprodukte, mehr nicht!

Vorhersagen:

Ungefährer Ablauf

Nun stellen Sie sich aber nicht vor, dass Sie ganz einfach so Plopp! Dinge sehen oder hören, die Sie vorher nicht gesehen oder gehört haben. Es wird sich vielmehr so entwickeln, dass Sie im ersten Jahr Ihres Trainings immer häufiger wichtige Ereignisse vorher wissen. Zum Beispiel haben Sie, wenn Sie zu Ihrer Bank gehen, plötzlich ein komisches Gefühl im Magen und ganz kurz taucht der Gedanke auf „Kein Geld!".

Und tatsächlich, der Bankbeamte sagt Ihnen, dass kein Geld auf Ihrem Konto eingegangen ist und er Ihnen nichts geben wird.[6]

Vorahnung

Tatsächlich werden Sie oft kurz vorher von Ereignissen wissen, die für Sie mit sehr hoher Intensität, also großer Freude oder Enttäuschung, verbunden sind. Wenn Sie dabei wach und aufmerksam sind, werden Sie herausbekommen, zu welchem Zeitpunkt es sinnvoll ist, den Chef um eine Gehaltserhöhung zu bitten oder es besser noch bleiben zu lassen!

Telekinese:

TK funktioniert

Telekinese (TK) bezeichnet die Fähigkeit, materielle Gegenstände zu bewegen, ohne sie anzufassen. Auch sie wird durch Meditation gefördert. Nach einem Jahr können Sie es ja mal ausprobieren. Recht einfach geht es mit einem Tisch. Was Sie dafür brauchen, ist Intensität und Freude. Ob Sie jetzt glauben, dass es funktioniert oder nicht, ist eigentlich egal. Dass es geht, können Sie am eigenen Leibe erleben.[7]

---

6) Leider zeigt die Erfahrung, dass anfänglich Vorahnungen von eher negativ zu beurteilenden Ereignissen häufiger auftreten. Das liegt vermutlich an der in unserem Kulturraum so weit verbreiteten Konditionierung auf Pessimismus. Bedenken Sie aber, dass Sie auch solche Erfahrungen nutzen können: Sie sind vorbereitet, können frühzeitig nach Alternativen suchen, und emotionale Zusammenbrüche aufgrund von Erwartungsenttäuschungen werden unnötig werden. Es liegt an Ihnen, Ihre Welt zum Positiven zu wenden, indem Sie lernen, den Fokus auf das Nützliche, das Erforderliche und damit auf das tatsächlich Angenehme zu richten.

7) Wenn sie später einmal die Absicht haben, mit Telekinese zu experimentieren, ist es auf jeden Fall sinnvoll, den Rat von jemandem einzuholen, der tatsächliche Erfahrung mit dem Phänomen hat.

Telepathie/Gedankenlesen:

Gedankenlesen schleicht sich ein

Das ist gar nicht so toll, wie einem oft gesagt wird ... Schon nach einem Jahr Meditation werden Sie bemerken, dass sich diese ‚Fähigkeit' bei Ihnen ‚einschleicht'. Sie werden keine Sätze hören, die ‚Andere im Kopf haben', sondern etwas anderes wird geschehen:

Ungefährer Ablauf

Sie werden gerade bei den Menschen, die Ihnen emotional nahe stehen, viel häufiger mitbekommen, wie Sie sich gerade fühlen. Das ist der Anfang, später wird es dann konkreter. Das kann aber ein paar Jahre dauern. Noch mehr dazu? – Okay: Sie werden beispielsweise ein nervöses Kribbeln im Körper spüren, wenn ein geliebter oder gehasster Mensch in Ihrer Nähe nervös und unruhig ist. Oder wenn ein Mensch gerade seine Wut oder Unruhe auf Sie projiziert, werden Sie automatisch zusammenzucken und tief durchatmen. Stellen Sie sich mal vor, so was passiert Ihnen andauernd und überall ... telepathische Phänomene können viel häufiger eine Störung, denn ein Segen sein. Deshalb sollten Sie lernen, durch Konzentration und Entspannung bewusst mit ihnen umzugehen und sie, wenn unerwünscht, auch abschalten zu können.

Etwas Allgemeines zu diesen Fähigkeiten:

Latente Fähigkeiten

Provozieren Sie sie nicht! Sie werden von ganz alleine kommen. Dem Einen wird das willkommen sein, der Andere wird das eher störend finden. So oder so wird es hilfreich sein, diesen Fähigkeiten gegenüber eine gewisse Indifferenz zu entwickeln.

Sogenannte außersinnliche (oder übersinnliche) Fähigkeiten entstehen zweifelsohne gehäuft im Umfeld der Entwicklung meditativer Fähigkeiten. Unsere Vermutung ist, dass erstere in jedem Menschen latent vorhanden sind. Jedoch ist der ‚normale‘ Mensch viel zu verspannt und unkonzentriert und zu wenig dazu in der Lage, intensiv zu leben, als dass er diese Fähigkeiten bewusst auslösen könnte. Wenn Sie sich hingegen die Vita von Propheten anschauen, werden Sie feststellen, dass sie entweder sehr intelligente Menschen waren, die sich gut konzentrieren konnten, oder sehr einfache Menschen mit tiefem Glauben, die durch ihr Gottvertrauen hohe Intensität aufbauten. Und eben das lernen Sie auch, wenn Sie die Meditation trainieren: Sie lernen, sich zu konzentrieren und Intensität aufzubauen. Rechnen Sie also damit, dass Ihr Training außersinnliche Fähigkeiten auslösen kann, und lassen Sie sich auch dadurch nicht von Ihrem eigentlichen Ziel ablenken: Meditation.

Sie brauchen keinen Guru!

Ohne ‚Meister‘

Wir hoffen, mit diesem Buch einen Beitrag dahingehend geleistet zu haben, dass Sie nicht zu irgendeinem ‚Meister‘ oder ‚Erleuchteten‘ rennen müssen. Sie sind Ihr Meister. Wenn Sie offen und ehrlich mit sich umgehen, werden Sie sich Stück für Stück verbessern. Sicher, ein Austausch mit Anderen, die ebenfalls meditieren, ist wichtig, auch um eigene Fehler zu entdecken und Probleme zu beseitigen. Ebenso ist es ganz bestimmt klug, ab und an jemanden, der fortgeschrittener ist als man selbst, um Rat zu fragen. Wenn allerdings jemand vor Ihnen steht, der Ihnen sagt „Ich bin der große ..., der erleuchtete ..., die Inkarnation von ...“, dann sagen Sie einfach: „Toll, freut mich, Sie kennen zu lernen,

dann sind wir ja unter uns." Denn die Meditation macht Sie auch stark
– selbstsicherer und zielstrebiger, nicht abhängiger von Anderen.

Gurus sind out – Sie sind Ihr Lehrer und Korrektor!

Nichts Besonderes

Noch eine Sache: Wir hören immer wieder von Erleuchteten – Menschen mit besonderen Begabungen und Qualitäten. Einige sagen, sie
seien von Gott auserwählt, Andere sagen, sie hätten übernatürliche
Anlagen, die Nächsten sagen, sie hätten ihre Fähigkeiten aus ihrem vergangenen Leben mitgebracht. Wie dem auch sei ... unsere Erfahrung
sagt, dass diese Besonderheiten erlernbar sind und von daher vielleicht
auch gar nicht so besonders?

Und ganz banal: ... Ihr Aussehen verbessert sich!

Bei allen Meditierenden, die wir kennen, veränderte sich nach einiger
Zeit der Meditation das Aussehen.

Folgendes ist bei allen gemeinsam zu beobachten (wird also auch bei
Ihnen, wenn Sie meditieren, zu beobachten sein):

- Falten glätten sich, werden weniger, viele verschwinden sogar.
- Der Körper baut Fett ab. Auf den höheren Meditationsstufen
  sind Meditationen nicht mehr nur einfaches Dasitzen. Obwohl
  es Ihnen möglicherweise nicht so vorkommen wird, als seien
  sie körperlich anstrengend, wird dennoch durch Meditationen
  Fett abgebaut. Wahrscheinlich besteht ein Zusammenhang zwischen Verspannungen und Fettpolstern – wir haben das noch
  nicht genauer erforscht, aber die Vermutung liegt nahe.

- Durch Entspannung wird der Körper straffer und glatter.
- Die Körperhaltung wird gerade und strahlt Selbstbewusstsein aus.
- Die Augen leuchten intensiver.
- Stress- oder Müdigkeitserscheinungen, die im Gesicht erkennbar werden (Krähenfüße, Ringe unter den Augen) nehmen ab.
- Haare und Fingernägel wachsen kräftiger, manchmal wird auch die Haarfarbe intensiver.

2. Meditation bedeutet ...?

Meditation

Wort-Bedeutung

Auf den nächsten Seiten werden wir ganz genau erklären, was wir unter Meditation verstehen. Klar, Worte sind noch keine Taten ... aber je besser die Bedeutung, die ein Wort haben soll, beschrieben ist, desto höher ist die Chance des Erfolges bei seiner Anwendung. Würden wir beispielsweise einfach sagen: „Und jetzt konzentrieren Sie sich bitte!", dann würden Sie das tun, was Sie darunter verstehen. Das kann sehr allgemein sein. Möglicherweise ist es etwas vollkommen anderes als das, was wir meinten.

Wir geben Worten klare Bedeutung, damit Sie mit ihnen arbeiten können!

- Vorher ist es aber wichtig, dass Sie sich Gedanken darüber machen, was Sie unter Meditation verstehen.
- Wenn Sie das tun, haben Sie einen sauberen Hintergrund, auf dem Sie unsere Erklärungen begreifen können.
- Nutzen Sie also die nächste Seite. Schreiben Sie auf, was Sie unter Meditation verstehen! Danke!

Was verstehen Sie unter Meditation?

2.1. Meditation – in Grundzügen erklärt

Konsens

Auf der vorherigen Seite stehen jetzt Ihre Assoziationen zu Meditation?! ... Gut. Tauchen dort die Worte *Meditationsstellung* (Meditationssitz, Meditationshaltung, Asana), *Konzentration*, *Entspannung* und *Ekstase* (Intensität), *Meditationsobjekt* auf? – Wenn ja, prima! Dann haben wir ja schon einen konsensuellen Ansatz. Nehmen Sie sich einen Textmarker und markieren Sie in Ihrem Text die Worte, die mit den von uns genannten übereinstimmen. Wenn nein, auch gut: Versuchen Sie, Ihren Text durch die von uns genannten Worte sinnvoll zu ergänzen ... Fertig? ... Markieren! ... et voilà, spätestens jetzt steht unser konsensueller Ansatz.

Learning by doing

Gehen wir in medias res. Am besten verstehen Sie nämlich, was wir mit Meditation meinen, wenn Sie die nächste Übung machen! Learning by doing nennt man so was wohl ...

Kleine Meditationsübung

- Setzen Sie sich auf einen weichen Teppich oder auf eine Dek-ke. Nehmen Sie die in den folgenden Abbildungen dargestellte Sitzhaltung ein.[8]

---

8) Sollten Sie vorerst unüberwindliche Schwierigkeiten haben, die dargestellte Sitzhaltung einzunehmen, können Sie sich zur Hilfestellung ein festes (!) Kissen zwischen Gesäß und Waden legen oder es senkrecht zwischen die Waden stellen, so dass sie mit dem Anus darauf zu sitzen kommen. Wichtig:

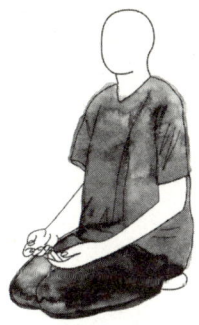  

Abb. 1. Drachensitz (1)   *Abb. 2. Drachensitz (2)*   *Abb. 3. Drachensitz (3)*

- Schließen Sie Ihre Augen.
- Atmen Sie durch die Nase ganz, ganz tief in Ihren Bauch ein und aus ihm wieder heraus.
- Der Atem soll bis in den Beckenboden fließen, aber bitte nichts erzwingen.
- Atmen Sie so etwa 5 Minuten.
- Dann sagen Sie sich innerlich: „Ich beginne nun mit meiner Bauchmeditation!"
- Ab dann achten Sie darauf, wie sich Ihre Bauchdecke beim Einatmen hebt, beim Ausatmen senkt.
- Beachten Sie nur die Bauchdecke, nicht den Atem.

In keinem Fall – weder bei natürlichem Sitz, noch bei Sitz mit Hilfestellung – die Po-Backen zusammenklemmen. In ganz problematischen Fällen, z.B. bei Knie- oder Fuß-Behinderungen oder bei starkem Übergewicht, mag, um Verletzungen zu vermeiden, ein Asana-Chair angeraten sein.

- Wenn Sie die Bauchdecke verloren haben – sei es, dass Sie ein Geräusch hörten, an etwas anderes dachten etc. – sagen Sie innerlich „Störung!" und gehen wieder zur Bauchdecke über.
- Tun Sie dies 15 Minuten lang.
- Dann sagen Sie innerlich: „Ich beende nun meine Meditation!"
- Holen Sie ganz tief durch den Mund Luft.
- Halten Sie die Luft an, spannen Sie Ihren ganzen Körper durch, sogar die Ohren ...
- Atmen Sie aus.
- Dann gehen Sie ganz langsam und vorsichtig aus dem Sitz.
- Bevor Sie aufstehen, lockern und bewegen Sie alle Muskeln, vor allem die Beine.
- Es kann sein, dass Ihre Beine schmerzen oder eingeschlafen sind, das gibt sich schnell wieder, ist eine Gewöhnungssache.

Asana

Der Drachensitz[9], den Sie eingenommen haben, ist ein Asana. Asana ist ein indisches Wort und heißt „Stellung". Es gibt viele verschiedene Asanas. Sie werden in diesem Buch noch weitere kennen lernen. Das Asana dient dazu, den Körper ruhig zu stellen, damit Sie sich nicht durch Bewegungen stören.

Asana heißt „Stellung" und bedeutet, für eine festgesetzte Zeit in einer festgesetzten Stellung zu verharren!

---

9) Der traditionelle Name für diesen Sitz lautet „Vajrasana".

Meditationsobjekt

Ihre Bauchdecke war das Meditationsobjekt. Ein Meditationsobjekt ist der Gegenstand oder die Wahrnehmung, auf die Sie während der Meditation Ihre gesamte Aufmerksamkeit lenken.

Ein Meditationsobjekt ist ein Objekt Ihrer Wahrnehmung, auf das Sie Ihre volle Aufmerksamkeit richten!

Konzentration

Die Tätigkeit, die Sie durchführen mussten, um das Meditationsobjekt die ganze Zeit zu halten, heißt Konzentration.

Entspannung

Und dass sich Ihr Körper bei dieser Übung gelockert hat, bedeutet, dass Sie sich entspannt haben!

Meditation bedeutet also:
Asana + Meditationsobjekt + Konzentration +
Entspannung!

2.2. Meditation – genauer erklärt

Begriff geschaffen

Sehr schön! Der Anfang ist gemacht: Sie haben sich einen grundlegenden Begriff von Meditation geschaffen, Sie haben Ihre erste Meditation durchgeführt[10], und Sie haben das Wort „Meditation" und die damit verbundene(n) Tätigkeit(en) mittels einer einfachen Formel referenziert.

Meditation

⇔

Asana ○ Meditationsobjekt ○
Konzentration ○ Entspannung

Eine einfache Formel

Ob Sie Formeln ansonsten mögen oder nicht, diese wird Ihnen definitiv nützen.[11] Sie fragen sich wie? – Ganz einfach: Sie erinnert Sie stets an die wesentlichen Aspekte der Meditation. Und das Tolle daran ist: Verbessern Sie sich hinsichtlich eines dieser Aspekte, verbessern Sie sich automatisch hinsichtlich der anderen! Verbessern Sie Ihre

---

10) Auch wenn es nicht Ihre allererste Meditation war, so doch wohl Ihre erste Meditation im Sinne dieses neuen Begriffs. Gönnen Sie sich diesen Neuanfang. Sollten Sie bereits Erfahrungen mit dem Meditieren haben, lassen Sie diese erst einmal beiseite. Öffnen Sie sich für die folgenden neuen Konzepte und neuen Erfahrungen. Nehmen Sie sich die Zeit, sie zu verarbeiten. Später dann können Sie Ihre Gesamterfahrung neustrukturieren.

11) Nicht dass wir uns missverstehen, wir haben nicht die Meditation auf eine Formel *reduziert*. Wir haben vielmehr eine Faustformel entwickelt, die es Ihnen ermöglicht, die komplexen Vorgänge, die sich im Verlauf der Meditation abspielen, für Sie überschaubar zu halten, so dass Sie selbst in jeder Meditation möglichst effektiv Einfluss auf ihren Ablauf und damit auf die Entwicklung Ihrer eigenen meditativen Fähigkeiten nehmen können.

Entspannung, führt das zu besserer Konzentration, stabilerem Asana und einem klareren Meditationsobjekt. Machen Sie sich Ihr Meditationsobjekt schärfer bewusst, steigt die Konzentration, Sie können sich leichter entspannen und dadurch wird das Asana angenehmer. Sitzen Sie fester und sicherer im Asana, erhöhen sich Konzentration und Entspannung, was Ihnen den Zugang zum Meditationsobjekt erleichtert usw. usf. Also ganz einfach, in einer Hinsicht besser werden, und die ganze Meditation wird besser. Und wenn es mal nicht so gut funktioniert, fragen Sie sich lediglich, woran es mangelt: Zu wenig Asana? Zu wenig Meditationsobjekt? Zu wenig Konzentration? Zu wenig Entspannung? – Geben Sie sich die Antwort, beheben Sie den Mangel und schon meditieren Sie wieder.

Die Aspekte ausarbeiten

Meditieren heißt auch, durch immer weiteres Ausdifferenzieren zu immer einfacheren Perspektiven zu gelangen und durch immer tieferes Ergründen zu immer größeren Höhen aufzusteigen. In diesem Sinne elaborieren wir nun die einzelnen Aspekte der Meditation, damit Sie lernen, wie Sie sich immer weiter verbessern können.

2.2.1. Asana

Asana heißt Stellung, das wissen Sie bereits. Erfunden wurde der Begriff Asana zwar von den Yogis, wenn wir uns aber mal die Bedeutung genau klarmachen, stellen wir fest, dass auch unsere Kultur ähnliche Konzepte kennt! Denken Sie nur an die Kirche! Zum Beten wird eine ganz bestimmte Stellung eingenommen. Und das ist gar nicht so dumm. Es spricht mehreres für ein Asana:

Gründe für Asana

- Zunächst einmal ist klar: Wenn Sie Ihren Körper eine festgesetzte Zeit lang nicht bewegen, wird es Ihnen leichter fallen, sich über diese Zeitspanne hinweg zu konzentrieren.

- Dann: Wenn Sie sich nicht bewegen, sucht sich Ihr Körper genau die Position, die für ihn am besten ist. Und das bedeutet, dass er sich geradezieht. Diese Erfahrung werden Sie nach einer Weile Übung machen! Alle sitzenden Asanas haben einen exakt geraden Rücken. Es scheint, als wüsste der Körper, was seine entspannteste Position ist, und die stimmt ganz genau mit einer gesunden, natürlichen Körperhaltung überein.

- Als nächstes „ankern" Sie die Meditation an das Asana. Das bedeutet, dass Sie nach einer Weile von ganz allein in die typische meditative Stimmung kommen, wenn Sie Ihr Asana einnehmen. Gut, nicht? Das ist wie mit dem Magen, der um 19.00 Uhr knurrt, weil er es gewohnt ist, dann Nahrung zu erhalten. Es ist übrigens auch der Grund dafür, weshalb Sie Ihre Meditationen (erst einmal) immer zur gleichen Zeit durchführen sollten ...

- Willenstraining. Was sind wir Menschen doch oft für schwache Geschöpfe ... Da will man etwas, eine Kleinigkeit kommt einem in die Quere und aus ist es mit dem Ziel ... Kennen Sie das? ... Asana stärkt den Willen. Wenn Sie regelmäßig Asanasitzen und sich an Ihre Zeit-Vorgaben halten, müssen Sie notwendigerweise Willen entwickeln. Wir sagten schon, dass Asana weh tun kann und Sie haben es wahrscheinlich auch bereits gemerkt. Darüber hinauszugelangen, durchzuhalten, zu kämpfen, sich durchzubeißen, dennoch locker zu bleiben, das stärkt den Willen enorm. Wem gelingt es schon, den Schmerz zu überwinden?

Wenn Ihnen das gelungen ist, dann haben Sie etwas Besonderes geleistet – und das wissen Sie! Das daraus folgende Selbstvertrauen wird Sie zu Höchstleistungen motivieren, kein Berg ist zu hoch, keine Wüste zu trocken, kein Problem zu groß, als dass Sie es nicht meistern könnten und: WERDEN!

- Ganzkörperentspannung. Dadurch, dass der Körper ruhig gestellt ist, kann er sich endlich einmal entspannen. Nicht einmal wenn Sie schlafen, sind Sie so ruhig! Das Blut wird zu einem Großteil aus Ihren Beinen herausgepresst und durchblutet so Ihren Leib stärker. Bauchverspannungen lösen sich als erstes, dann folgt der Oberkörper, zum Schluss die Beine. Wenn Ihnen das gelungen ist, sitzen Sie wie eine 1!

Viele Haltungen sind möglich

Die Yogis haben unheimlich viele Asanas entwickelt. Im Grunde genommen können Sie jede Körperhaltung zu einem Asana machen. Aber stellen Sie sich mal vor, Sie wollten eine Stunde lang auf Ihre Bauchdecke meditieren und Ihr Asana wäre, auf einem Bein zu stehen ... oder Sie legen sich ins Bett und mummeln sich wie zum Schlafen ein ... Das eine täte wohl sehr weh, beim anderen würden Sie wahrscheinlich einschlafen.

Ein Asana sollte mit Bedacht ausgewählt werden.

Intelligente Sitzwahl

Sind Sie Meditationsanfänger? – Dann nehmen Sie am besten den Drachensitz. Oder haben Sie schon länger als ein Jahr Meditationserfahrung? – Dann wählen Sie das Siddhasana oder den Lotussitz, welche wir später noch beschreiben werden.

Schmerzen

So, jetzt wissen Sie, welches Asana für Sie gut ist, aber: Haben Ihnen vorhin, als Sie die Meditations-Übung aus dem vergangenen Kapitel durchgeführt haben, nicht die Beine ziemlich wehgetan? Oder sind Ihnen die Beine eingeschlafen? Wenn nichts dergleichen passierte und Sie ein Meditationsanfänger sind, dann keine Sorge, das kommt noch ☺.

Asana für Europäer ungewohnt

Wir Europäer sind es einfach nicht gewohnt, lange in einer Position zu verharren. Wenn Sie da an die Japaner denken, die können das. Bereits als kleine Kinder sitzen sie stundenlang in einem Sitz, der dem Drachensitz ähnelt. Wir aber haben das nie gelernt.

Wenn Sie Asanasitzen, treten mehrere Probleme auf, die Sie bewältigen müssen. Sie schaffen das auch, das steht außer Frage:

Mögliche Asana-Probleme

- Da ist als erstes der Schmerz.
  - Asana-Schmerzen können sehr, sehr unangenehm werden. Möglicherweise erleben Sie Meditationen, in denen Sie denken, Ihnen werden die Beine abgerissen oder verbrannt oder was auch immer.[12]

---

12) Na endlich mal ein echtes Gefühl ...

- Das sind Begleiterscheinungen von Entspannung! Ihre Muskeln lockern sich und müssen sich an die Lockerung erst noch gewöhnen.
- Wenn Sie durchhalten und sich konzentrieren, verschwinden die Schmerzen wieder und Sie werden Ekstase erleben! Das kann unter Umständen Jahre dauern, kommt darauf an, wie viel Sie meditieren, wie lange Sie Asanasitzen und wie gut Sie sich konzentrieren können.
- Der nächste Asana-Killer sind die „Emos".
  - „Emos" kommt von Emotionen ...
  - Sie werden nervös, müde, gereizt, traurig, wütend und so weiter.[13]
  - Dann fällt Ihnen plötzlich ein, dass Sie keine Lust mehr haben, vielleicht haben Sie ja etwas ‚Wichtiges' vergessen ...
- Am besten hilft ein hübsches kleines Modell:
  - Stellen Sie sich vor, dass Ihre Verspannungen und einige Ihrer psychischen Probleme zusammenhängen. Die Verspannungen lösen sich in der Meditation. Was nun, kleine Psyche? ... Das gewohnte Verhalten – nämlich sich zu verspannen – funktioniert nicht mehr. Also erst mal richtig müde oder wütend werden?
  - Reden Sie sich dann gut zu: „Okay, komm, wir schaffen das schon. Du wirst dich daran gewöhnen und auf Sicht gese-

---

13) Die kleine Psyche kann ganz schön ins Flippen kommen. Was soll sie jetzt denken, wenn der Körper nicht mehr beobachtet wird? ... Haufenweise Gedanken werden überflüssig und sie muss sich etwas Neues einfallen lassen.

hen macht es dir Spaß. Los, lass uns wieder so richtig gut konzentrieren!"

- Und das tun Sie dann auch!
- Sie werden dadurch selbstsicherer: Denn schließlich haben Sie da einen inneren Schweinehund von der Größe eines zwanzigstöckigen Wohnblocks überwunden.

Ist das Ergebnis den Aufwand wert?

Sind Sie jetzt etwas beunruhigt? ... Wollen Sie das Buch lieber wieder in die Ecke legen, weil es Unannehmlichkeiten verspricht? ... Dann denken Sie noch einmal daran, was Sie mit Meditation erreichen können. Ist es das nicht wert?

Brennende Frage

Wahrscheinlich brennt Ihnen jetzt eine Frage auf den Lippen, nämlich:

Wie lange muss ich denn Asanasitzen können?

Ach du meine Güte

Und darauf antworten wir ganz klar und trocken: Mindestens 3 Stunden bewegungslos. „Ach du meine Güte, soviel Zeit habe ich gar nicht ... was soll denn das bringen ... das ist ja pure Quälerei ... Andere meditieren doch nur 3mal am Tag 10 Minuten ... man kann sich doch bestimmt viel einfacher entspannen und konzentrieren ..." Sind das so in etwa die Gedanken, die Ihnen gerade kamen?

Eine Frage Ihrer Ziele

Wir geben zu, es ist eine Frage Ihrer Ziele, wie viel Sie asanasitzen müssen. Wenn Sie nur ein wenig Entspannung wünschen, reicht viel weniger. Wenn Sie aber richtig meditieren wollen – so, wie wir es in diesem Buch erklären – dann werden Sie einsehen, dass unsere Angaben richtig sind.[14]

Prüfen Sie unsere Angaben!

2.2.1.1. Wichtige Fragen zum Asana-Training

Fragen, die anregen

Sie wollen also unbedingt meditieren? ... Okay. Wir gehen davon aus, dass Sie ein Anfänger sind, und stellen Ihnen ein paar Fragen (sollten Sie bereits Meditations-Erfahrung haben, lesen Sie die Fragen trotzdem durch, vielleicht geben sie Ihnen ein paar Anregungen). Nehmen Sie sich einen Block und einen Stift zur Hand und schreiben Sie sich Ihre Antworten auf unsere Fragen auf. Bewahren Sie das Antwortblatt gut auf, damit Sie sich später immer wieder überprüfen können.

Beantworten Sie die folgenden Fragen jetzt gleich – bitte!

---

14) Sicherlich können Sie auch mit weniger Sitzzeit Zwecke erreichen, die für Sie sinnvoll sind. Und Sie können auch viele (wenn nicht gar die meisten) der im Weiteren von uns vorgestellten Konzepte nutzbringend für sich einsetzen. Dennoch raten wir Ihnen zu Realismus: Die möglichen Höchstresultate werden *out of range* bleiben. Vielleicht flackern ähnliche Phänomene manchmal auf, dennoch wird ein kontrolliertes Hervorbringen, ohne die zeitlichen Mindestvoraussetzungen zu erfüllen, nicht möglich sein. Meditieren auf höchstem Niveau hat Ähnlichkeiten mit Leistungssport: Wenn Sie täglich eine halbe Stunde laufen, können Sie nicht erwarten, einen Marathon in Weltbestzeit zu absolvieren ... dennoch werden Sie einen durchaus beachtlichen gesundheitlichen Nutzen davon haben. So oder so werden Sie auch aus der Meditation – wenn korrekt durchgeführt – Ihren Nutzen ziehen können. Bleiben Sie am Ball, aber bleiben Sie auch auf dem Teppich.

Frage 1

Wie viel Zeit haben Sie täglich für Asana (Meditation) und begleitende Übungen übrig?

Frage 2

Sind Sie bereit, auf mindestens 3 Stunden Meditation zu kommen? Was müssen Sie dafür aufgeben? Wird es Sie schmerzen und irgendwann heimtückisch überfallen?

Frage 3

Sind Sie bereit, sich immer wieder selbst zu übertreffen, auch wenn es weh tut?

Frage 4

Haben Sie irgendwelche Krankheiten, insbesondere in den Beinen oder Hüften? Vielleicht starke Durchblutungsstörungen oder Kreislaufprobleme? Dann betreiben Sie auf jeden Fall Sport und beginnen Sie etwas später und softer mit den Meditationen. Wenn Sie Gelenkprobleme, Bänder-, Sehnen- oder Muskelschäden haben, fragen Sie Ihren Arzt, ob Sie trotzdem Asanasitzen dürfen.

Frage 5

Sind Sie bereit, sich Ihren Problemen, egal welche es sein mögen, zu stellen? Beim Asanasitzen lösen sich nämlich Verspannungen. Verspannungen sind oftmals mit Emotionen verbunden. Es kann vorkommen, dass diese Emotionen in oder kurz nach dem Asana auftauchen. Sie müssen sich dann sehr ruhig und sachlich beobachten, sich Notizen machen, auf keinen Fall mystifizieren oder Angst bekommen.

Frage 6

Sind Sie bereit, Veränderungen in Ihrem Freundes- und Bekanntenkreis hinzunehmen? Möglicherweise akzeptieren einige Ihrer Bekannten oder Freunde Ihre neuen Interessen nicht, halten sie für Mumpitz oder Aberglauben. Außerdem werden Asana und Meditation Sie verändern – Sie werden *sich* ändern. Auch das kann zu Problemen führen. Denn Menschen brauchen nun einmal ihre Gewohnheiten, und ein Mensch, der sich ändert, passt nicht mehr in die alte Situation. Er muss entweder wieder zu dem gemacht werden, was er früher war, oder man muss ihn aus der Gesellschaft ausschließen.[15] Aber: Was ist wichtiger? Ihre Ziele – Ihr individueller Weg – oder soziale Anpassung? Ferner kommt Ihnen selbst vielleicht im Laufe Ihrer Entwicklung durch Meditation die Idee, dass Sie Ihr altes Umfeld so nicht mehr haben wollen und diesbezüglich Veränderungen vornehmen sollten.

Frage 7

Sind Sie bereit, Andere auch dann noch zu akzeptieren, wenn Sie herausgefunden haben, dass Ihr Weg der richtige ist? ... Wir haben Viele kennen gelernt, deren Leben durch die Meditation vollkommen neue und unerwartete Qualitäten gewann, Viele stellten fest, dass sie durch Meditation intelligenter, bewusster, zielstrebiger und gesünder wurden. Was natürlich gut ist, dennoch: Einige von ihnen kamen irgendwann mit der normalen Gesellschaft nicht mehr klar – Manche

---

15) Sicherlich ist auch die Möglichkeit denkbar, dass das bestehende Umfeld sich Ihnen ohne Ausschluss oder Abtrennungsmechanismen anpasst. Die Erfahrung zeigt aber, dass eine solche Reaktion pauschal eher unwahrscheinlich ist. Bauen Sie also nicht darauf.

hielten sich dann für etwas Besonderes und verkündeten das allen, was natürlich für böses Blut sorgte, manch Andere wiederum zogen sich zurück, was ihnen die Möglichkeit nahm, durch Auseinandersetzung mit der Welt weiterzukommen.

Ein leichter Plan

So, das waren unsere Fragen. Im nächsten Kapitel wollen wir den Asana-Plan für das erste Jahr beschreiben. Sind Sie dabei? Gut, dann geht es darum, binnen eines Jahres auf 3 Stunden bewegungsloses Asanasitzen zu kommen. Sie können es natürlich viel früher schaffen. Sie müssen entscheiden, wie viel Sie sich zumuten können. Wir haben den Plan so aufgestellt, dass ihm jeder folgen kann.

Bauen Sie den Asana-Plan in Ihren Tagesrhythmus ein!

Was ist Ihr Ziel?

Auch wenn der Plan sehr leicht gehalten ist, müssen Sie sich, damit er funktionieren kann, Klarheit über Ihr Ziel verschaffen. Versäumen Sie das, beschwören Sie Versagen herauf.

Wollen Sie meditieren, um sich weiterzuentwickeln, oder wünschen Sie sich etwas anderes, zum Beispiel magische Begabungen oder besseres Aussehen ...?

Meditation kontra Wünsche

Wenn Letzteres zutrifft, dann sollten Sie sich darüber klar werden, dass Sie zwar außerhalb der Meditation solche Wünsche haben können, aber niemals dabei! Wenn Sie sie dabei haben, werden Sie nicht weiterkommen, da Sie krampfhaft daran denken und den Erfolg im Asana und später in Konzentration verhindern! Sie können um des Asanasitzens willen Asanasitzen oder für ein anderes Ziel. Diese Entscheidung bleibt Ihnen überlassen. Aber wenn Sie Asanasitzen, dann sitzen Sie, nichts anderes!

Meditation ist Weg und Ziel!

2.2.1.2. Der Asana-Plan für's 1. Jahr

Unsere Vorgehensweise

Wir fangen langsam an und steigern dann so, dass Sie nach einem Jahr problemlos 3 Stunden bewegungslos sitzen können![16]

1. Monat – Ziel 1 Stunde

Leichte Bewegungen

Nach einem Monat sollen Sie 1 Stunde sitzen können. Das muss noch nicht bewegungslos sein, das heißt, leichte Bewegungen des Oberkörpers sind erlaubt.

---

16) Der folgende Asana-Plan ist ein Rahmenplan, der den Aspekt Asana fokussiert. Wenn Sie ihn durchführen, sitzen Sie natürlich nicht nur Asana, sondern Sie meditieren (s.o.) ... immer besser ... und wie das im Detail funktioniert, wird Ihnen im Verlauf der Lektüre des gesamten (!) Buches immer klarer werden.

Ach ja, meditieren Sie nicht mit Uhr! Stellen Sie sich einen Wecker und positionieren Sie ihn in weit von sich entfernt. Stehen Sie erst auf, nachdem der Wecker geklingelt hat.

Immer ohne Uhr in Reichweite meditieren!

1. Woche

1. Tag 3 x 15 Minuten.
2. Tag 1 x 20, 2 x 15 Minuten.
3. Tag 1 x 25, 2 x 20 Minuten.
4. Tag 1 x 30, 2 x 25 Minuten.
5. Tag 1 x 35, 2 x 30 Minuten.
6. Tag 1 x 40, 2 x 30 Minuten.
7. Tag 1 x 45, 2 x 30 Minuten.

2. Woche

1. Tag 1 x 45, 2 x 35 Minuten.
2. Tag 1 x 45, 2 x 40 Minuten.
3. Tag 3 x 45 Minuten.
4. Tag 1 x 50, 2 x 40 Minuten.
5. Tag 1 x 50, 2 x 45 Minuten.
6. Tag wie 5. Tag.
7. Tag wie 5. Tag.

Verwundert?

Wenn Ihnen das komisch vorkommt, dass wir nun mit gleichen Zeiten arbeiten: Spätestens hier fangen die Schmerzen an, und da hilft entweder eine Radikalkur – gleich 3 Stunden am Stück – oder langsam weiter steigern.

3. Woche

1. Tag 2 x 50, 1 x 45 Minuten.
2. Tag 3 x 50 Minuten.
3. Tag 1 x 55, 1 x 50, 1 x 45 Minuten.
4. Tag 2 x 55, 1 x 45 Minuten.
5. Tag 3 x 55 Minuten.
6. Tag 1 x 60, 2 x 30 Minuten.
7. Tag 1 x 60, 1 x 55, 1 x 30 Minuten.

4. Woche

1. Tag 2 x 60, 1 x 30 Minuten.
2. Tag 2 x 60, 1 x 40 Minuten.
3. Tag 2 x 60, 1 x 45 Minuten.
4. Tag 2 x 60, 1 x 50 Minuten.
5. Tag 2 x 60, 1 x 55 Minuten.
6. Tag 3 x 60 Minuten.
7. Tag 3 x 60 Minuten.

2. Monat – Ziel 1 Stunde bewegungslos

Sitzen ohne Wimpernzucken

Bewegungsloses Sitzen heißt, Sie dürfen nicht einmal mit der Wimper zucken! Jede absichtliche Bewegung ist verboten. Es kann vorkommen, dass Ihr Körper von sich aus zuckt, zittert, vibriert, hüpft. Dann lösen sich Verspannungen. Eigentlich ist das ganz angenehm und zählt auch nicht zu absichtlichen Bewegungen. Aber: Es ist auch ein hübscher Ausweg für den kleinen Asana-Flüchter, der so gerne lieber aufstehen und das Asana hinter sich lassen möchte. Durch ganz feine, leichte Unterstützung kann man dafür sorgen, dass das Zucken und Zittern nicht abebbt, sondern sich kontinuierlich fortsetzt! Das sollte man natürlich nicht! Denn auf die Art erreicht man nie bewegungsloses Asana! Prüfen Sie sich selbst! Beruhigen Sie sich, lassen Sie locker (!) und atmen Sie tief durch. Bleibt das Zittern danach immer noch, war es unabsichtlich, hört es auf, waren Sie es!

Bewegung ist verboten! Bewegung heißt, dass die Meditation erfolglos war!

Mit der Zeit ...

Bewegungslos zu sitzen, lernt man nicht von heute auf morgen. Es mag am ersten Tag noch leicht sein, dann wird es schwerer und schwerer. Gehen Sie davon aus, dass Sie Ihr Ziel „1 Stunde bewegungsloses Asana" erst dann stabil erreicht haben, wenn Sie ohne Probleme 10mal in Folge 1 Stunde bewegungslos gesessen haben.

1. Woche

1. Tag 1 x 30 Minuten bewegungslos, 2 x 60 Minuten normal.
2. Tag wie 1. Tag.
3. Tag 1 x 40 Minuten bewegungslos, 2 x 60 Minuten normal.
4. Tag wie 3. Tag.
5. Tag 1 x 50 Minuten bewegungslos, 2 x 60 Minuten normal.
6. Tag wie 5. Tag.
7. Tag 1 x 60 Minuten bewegungslos, 2 x 60 Minuten normal.

2. Woche

1. Tag 1 x 60 Minuten bewegungslos, 2 x 60 Minuten normal.
2. Tag 1 x 60 und 1 x 30 Minuten bewegungslos,
1 x 60 Minuten normal.
3. Tag wie 2. Tag.
4. Tag 1 x 60 und 1 x 40 Minuten bewegungslos,
1 x 60 Minuten normal.
5. Tag wie 4. Tag.
6. Tag 1 x 60 und 1 x 50 Minuten bewegungslos,
1 x 60 Minuten normal.
7. Tag wie 6. Tag.

3. Woche

1. Tag 2 x 60 Minuten bewegungslos, 1 x 60 Minuten normal.
2. Tag wie 1. Tag.
3. Tag 2 x 60 und 1 x 30 Minuten bewegungslos.
4. Tag wie 3. Tag.
5. Tag 2 x 60 und 1 x 40 Minuten bewegungslos.
6. Tag wie 5. Tag.
7. Tag 2 x 60 und 1 x 50 Minuten bewegungslos.

4. Woche

1. Tag 2 x 60 und 1 x 50 Minuten bewegungslos.
2. Tag 3 x 60 Minuten bewegungslos.
3. Tag wie 2. Tag.
4. Tag wie 2. Tag.
5. Tag wie 2. Tag.

6. Tag wie 2. Tag.
7. Tag wie 2. Tag.[17]

3. Monat – Ziel 1½ Stunden

Bravo!

Eine heldenhafte Leistung. Sie können jetzt 1 Stunde bewegungslos sitzen! Darauf können Sie sich ernsthaft etwas einbilden. Denken Sie nur an die Menschen im Kino oder im Theater, wie sie unruhig auf ihren Stühlen herumrutschen, weil ihnen der Hintern wehtut. Sie allerdings sitzen ganz locker da und können sich konzentrieren, Ihr Körper stört Sie nicht.

Aber wie das so ist, wer rastet der rostet. Und um so richtig gut meditieren zu können, müssen wir noch weiter gehen. Es gibt einige Ekstasephänomene – wir werden Sie Ihnen später noch genau beschreiben – die erst auftreten, wenn man länger sitzt. Und das wollen wir uns nicht entgehen lassen – also weiter.

1. Woche

Jeden Tag 3 x 60 Minuten bewegungslos zur Vertiefung.

2. Woche

1. Tag 2 x 60 Minuten bewegungslos, 1 x 65 Minuten normal.
2. Tag 1 x 60 Minuten bewegungslos, 2 x 65 Minuten normal.
3. Tag 3 x 65 Minuten normal.

---

17) Wenn Sie sich genau testen wollen, können Sie jemanden bitten, eine mit Wasser gefüllte Untertasse (nicht überfüllen) auf Ihren Kopf zu stellen. Sitzen Sie nun eine Stunde lang bewegungslos Asana – wenn die Untertasse nicht herunterfällt und Sie kein Wasser verschütten, haben Sie den Test erfolgreich bestanden.

4. Tag 2 x 65 Minuten normal, 1 x 70 Minuten normal.
5. Tag 1 x 65 Minuten normal, 2 x 70 Minuten normal.
6. Tag 3 x 70 Minuten normal.
7. Tag 2 x 70 Minuten normal, 1 x 75 Minuten normal.

3. Woche

1. Tag 1 x 70 Minuten normal, 2 x 75 Minuten normal.
2. Tag 3 x 75 Minuten normal.
3. Tag 2 x 75 Minuten normal, 1 x 80 Minuten normal.
4. Tag 1 x 75 Minuten normal, 2 x 80 Minuten normal.
5. Tag 3 x 80 Minuten normal.
6. Tag 2 x 80 Minuten normal, 1 x 85 Minuten normal.
7. Tag 1 x 80 Minuten normal, 2 x 85 Minuten normal.

4. Woche

1. Tag 3 x 85 Minuten normal.
2. Tag 2 x 85 Minuten normal, 1 x 90 Minuten normal.
3. Tag 1 x 85 Minuten normal, 2 x 90 Minuten normal.
4. Tag 3 x 90 Minuten normal.
5. Tag wie 4. Tag.
6. Tag wie 4. Tag.
7. Tag wie 4. Tag.

Zeitprobleme

Sie sehen, Sie benötigen in den letzten Wochen etwas mehr Zeit. Wenn Sie diese nicht aufbringen können, dann führen Sie wenigstens eine Übung mit der jeweiligen Höchstzeit durch und zwei weitere mit mindestens 30 Minuten.

4. Monat – Ziel 1½ Stunden bewegungslos

1. Woche

   1. Tag 2 x 60 Minuten normal, 1 x 45 Minuten bewegungslos.
   2. Tag 2 x 60 Minuten normal, 1 x 50 Minuten bewegungslos.
   3. Tag 2 x 60 Minuten normal, 1 x 60 Minuten bewegungslos.
   4. Tag 1 x 60 Minuten normal, 2 x 60 Minuten bewegungslos.
   5. Tag wie 4. Tag.
   6. Tag 3 x 60 Minuten bewegungslos.
   7. Tag wie 6. Tag.

In der ersten Woche sollen Sie wieder vernünftig ins bewegungslose Sitzen kommen, deshalb steigern wir nicht über eine Stunde!

2. Woche

   1. Tag 2 x 60 Minuten normal, 1 x 70 Minuten bewegungslos.
   2. Tag 1 x 60 Minuten normal, 2 x 70 Minuten bewegungslos.
   3. Tag wie 2. Tag.
   4. Tag 3 x 70 Minuten bewegungslos.
   5. Tag wie 4. Tag.
   6. Tag wie 4. Tag.
   7. Tag 1 x 70 und 1 x 80 Minuten bewegungslos,
   1 x 30 Minuten normal.

3. Woche

   1. Tag 1 x 70 und 1 x 80 Minuten bewegungslos,
   1 x 30 Minuten normal.
   2. Tag 2 x 80 Minuten bewegungslos, 1 x 30 Minuten normal.
   3. Tag wie 2. Tag.

4. Tag 1 x 80 und 1 x 90 Minuten bewegungslos.
5. Tag wie 4. Tag.
6. Tag 2 x 90 Minuten bewegungslos.
7. Tag 2 x 90 Minuten bewegungslos.

4. Woche

1. bis 7. Tag je 2 x 90 Minuten bewegungslos.

Und noch eine

Wenn Sie die Zeit dafür haben, dann schieben Sie noch eine weitere 1½stündige Asana-Übung ein. Überlegen Sie, ob Sie sie bewegungslos oder normal ausführen wollen.[18]

5. Monat – Ziel 2 Stunden

1. Woche

1. Tag 2 x 90 Minuten.
2. Tag 1 x 85 und 1 x 95 Minuten.
3. Tag wie 2. Tag.
4. Tag 1 x 80 und 1 x 100 Minuten.
5. Tag wie 4. Tag.
6. Tag wie 4. Tag.
7. Tag wie 4. Tag.

2. Woche

1. Tag 1 x 75 und 1 x 105 Minuten.
2. Tag 1 x 70 und 1 x 110 Minuten.

---

18) Wenn Sie möchten, prüfen Sie Ihre Fähigkeit, bewegungslos sitzen zu können, wieder mit der mit Wasser gefüllten Untertasse.

3. Tag wie 2. Tag.

4. Tag wie 2. Tag.

5. Tag wie 2. Tag.

6. Tag 1 x 65 und 1 x 115 Minuten.

7. Tag wie 6. Tag.

3. Woche

1. Tag 2 x 30 und 1 x 120 Minuten.

2. Tag wie 1. Tag.

3. Tag wie 1. Tag.

4. Tag wie 1. Tag.

5. Tag wie 1. Tag.

6. Tag wie 1. Tag.

7. Tag wie 1. Tag.

4. Woche

Etwas mehr

Wenn's geht, richten Sie sich eine Stunde mehr Zeit für Asana ein. Je länger Sie sitzen wollen, desto schneller erreichen Sie Ihr Ziel, wenn Sie die Übungszeit steigern!

1. Tag 1 x 60 und 1 x 120 Minuten.

2. Tag 1 x 70 und 1 x 120 Minuten.

3. Tag 1 x 80 und 1 x 120 Minuten.

4. Tag 1 x 90 und 1 x 120 Minuten.

5. Tag 1 x 100 und 1 x 120 Minuten.

6. Tag 1 x 110 und 1 x 120 Minuten.

7. Tag 2 x 120 Minuten.

6. Monat – Ziel 2 Stunden bewegungslos

Höhere Zeiten

Wie bereits einige Male zuvor in diesem Asana-Übungsplan, werden wir auch jetzt wieder auf mehr als 3 Stunden tägliche Übungszeit kommen. Eigentlich reicht es für unsere Zwecke, 3 Stunden täglich zu meditieren, aber: Hier geht es um Asana-Training, und das ist etwas anderes. Es schafft die Grundlage für 3 Stunden effektives Meditieren. Und wir bemühen uns, für Sie einen optimalen Weg zum Asana-Erfolg zu skizzieren. Wie genau Sie diesem Weg folgen können und wollen, bleibt natürlich Ihnen überlassen.

Bewegungsloses Sitzen lernen Sie nur durch höhere Sitzzeiten. Beispielsweise: Jemand, der 5 Stunden lang sitzen kann, kann auch 3 Stunden davon bewegungslos sitzen! Je öfter Sie eine längere Sitzzeit erreichen als die, die Sie bewegungslos sitzen wollen, desto leichter wird Ihnen das bewegungslose Sitzen über die gewünschte Zeit hinweg fallen. Noch mag Ihnen das ja fürchterlich viel vorkommen!?! ... So erging es uns damals auch, als wir das erste Mal darüber nachdachten, 3 Stunden Asana zu sitzen. Wir dachten, das sei Wahnsinn. Als wir aber das erste Mal 5 Stunden gesessen hatten, kamen uns 3 wie ein absoluter Klacks vor.

Wer 5 Stunden sitzen kann, für den sind 3 ein Klacks!

Meditations-Wochenende

Wenn Sie berufstätig sind und erst spätnachmittags oder abends nach Hause kommen, wird es Ihnen eventuell ein paar Probleme bereiten, so viel Zeit für Asana aufzubringen. Für diesen Fall schlagen wir vor, dass Sie sich Wochenenden einrichten, um dann mehr zu machen. Wir werden in diesem Buch noch Beispiele für die Gestaltung solcher Wochenenden geben.

Videoasana

Eine weitere Asana-Übungsmöglichkeit ist das Video- oder Fernseh-Asana. Video ist wegen der Abwechslung und der Möglichkeit, das Programm selbst zu bestimmen, besser. Besorgen Sie sich ein oder zwei Filme. Legen Sie sich alles, was Sie brauchen, bereit, und sitzen Sie die volle Filmzeit durch. Sie können dabei bewegungslos oder normal sitzen, das bleibt Ihnen überlassen. Wichtig ist, dass Sie Ihre Beine nicht bewegen. Ach ja, lehnen Sie den Rücken an. So wird die Stellung leicht verändert (Berührung am Rücken), und Sie verbinden die Filme nicht mit Ihren Meditationen. Wenn Sie Ihr Asana für Video-Asana nicht leicht verändern, kann es Ihnen passieren, dass Sie in den nächsten Meditationen Video gucken, und Ihr Meditationsobjekt verändert sich dauernd in Keanu Reeves oder Jennifer Aniston – sehr unangenehm ...

Videoasana fördert das Sitzvermögen!

Im Folgenden nehmen wir einfach einmal an, Sie hätten bis zu 5 Stunden täglich Zeit ... Übrigens können Sie eine Asana-Übung auch direkt des Morgens vor dem Frühstück durchführen, das macht wach und vertieft die aus dem Schlaf mitgebrachte Entspannung.[19]

---

19) Gutes Asana und gute Meditation können durchaus erholsamer sein als Schlaf. Vielleicht gelingt es Ihnen ja, mit einer morgendlichen Asana-Übung die noch fehlende Asana-Trainingszeit aus

7. Monat – Ziel 2½ Stunden

1. Woche

1. Tag 2 x 2 Stunden.
2. Tag 2 x 30, 1 x 140 Minuten.
3. Tag wie 2. Tag.
4. Tag wie 2. Tag.
5. Tag wie 2. Tag.
6. Tag 1 x 30, 1 x 150 Minuten.
7. Tag wie 6. Tag.

2. Woche

1. Tag 1 x 40 und 1 x 150 Minuten.
2. Tag 1 x 50 und 1 x 150 Minuten.
3. Tag 1 x 60 und 1 x 150 Minuten.
4. Tag 1 x 70 und 1 x 150 Minuten.
5. Tag 1 x 80 und 1 x 150 Minuten.
6. Tag 1 x 90 und 1 x 150 Minuten.
7. Tag 1 x 100 und 1 x 150 Minuten.

3. Woche

1. Tag 1 x 110 und 1 x 150 Minuten.
2. Tag 1 x 120 und 1 x 150 Minuten.
3. Tag 1 x 130 und 1 x 150 Minuten.
4. Tag 1 x 140 und 1 x 150 Minuten.
5. Tag 2 x 150 Minuten.
6. und 7. Tag wie 5. Tag.

unnötiger Schlafzeit zu gewinnen.

4. Woche

1. bis 7. Tag 2 x 150 Minuten.

8. Monat – Ziel 2½ Stunden bewegungslos

1. Woche

1. bis 7. Tag 2 x 120 Minuten bewegungslos.

2. Woche

1. Tag 1 x 100, 1 x 120 Minuten bewegungslos.
2. bis 7. Tag wie 1. Tag.

3. Woche

1. Tag 1 x 90, 1 x 130 Minuten bewegungslos.
2. Tag wie 1. Tag.
3. Tag wie 1. Tag.
4. Tag 1 x 80, 1 x 140 Minuten bewegungslos.
5. Tag wie 4. Tag.
6. Tag wie 4. Tag.
7. Tag wie 4. Tag.

4. Woche

1. bis 7. Tag 2 x 150 Minuten bewegungslos.

9. Monat – Ziel 3 Stunden

1. Woche

1. bis 7. Tag 1 x 30 Minuten und 1 x 160 Minuten.

2. Woche

1. bis 7. Tag 1 x 30 Minuten und 1 x 170 Minuten.

3. Woche

1. bis 7. Tag 1 x 30 Minuten und 1 x 180 Minuten.

4. Woche wie 3. Woche

An Wochenenden könnten Sie doch jeden Tag 2 x 180 Minuten üben?!

10. Monat – Ziel 3 Stunden bewegungslos

Tolle Leistung

3 Stunden bewegungslos zu sitzen ist schon eine Leistung. Spätestens jetzt fangen starke Lösungen von Verspannungen an. Es kann vorkommen, dass Sie richtig im Asana hüpfen, zittern, dass die Arme ausschlagen, dass sich Ihr Körper in die unmöglichsten Positionen verschiebt, ohne dass Sie etwas dazutun. Am besten lernen Sie, 3 Stunden bewegungslos zu sitzen, wenn Sie vorher schon länger als 3 Stunden normal gesessen haben! Beachten Sie das Kapitel Konzentration. Das Asana kann schon ganz schön wehtun, und wenn Sie sich auf ein Meditationsobjekt konzentrieren, lenken Sie sich von den Schmerzen ab, können sie sogar in Ekstase umwandeln!

Konzentration hilft gegen Schmerzen und Emos und fördert Ekstase!

---

1. Woche

1. bis 7. Tag 1 x 30 und 1 x 180 Minuten, am Wochenende 2 x 180 Minuten. Alles normal!

2. Woche

1. Tag 1 x 30, 1 x 185 Minuten, alles normal.
2. Tag 1 x 30, 1 x 190 Minuten, alles normal.
3. Tag 1 x 30, 1 x 195 Minuten, alles normal.
4. Tag 1 x 30, 1 x 200 Minuten, alles normal.
5. bis 7. Tag wie 4. Tag.

3. Woche

1. Tag 1 x 30, 1 x 205 Minuten, alles normal.
2. Tag 1 x 30, 1 x 210 Minuten, alles normal.
3. Tag 1 x 30, 1 x 215 Minuten, alles normal.
4. Tag 1 x 30, 1 x 220 Minuten, alles normal.
5. Tag 1 x 30 normal, 1 x 180 Minuten bewegungslos.
6. Tag wie 5. Tag.
7. Tag wie 5. Tag.

4. Woche

1. Tag 1. Tag 1 x 240 Minuten normal.
2. bis 5. Tag wie 1. Tag.
6. Tag 1 x 30, 1 x 180 Minuten bewegungslos.
7. Tag wie 6. Tag.

11. Monat – Ziel 5 Stunden

1. Woche

1. Tag 1 x 30, 1 x 220 Minuten.
2. u. 3. Tag 1 x 30, 1 x 230 Minuten.
4. Tag 1 x 30, 1 x 240 Minuten.
5. bis 7. Tag wie 4. Tag.

2. Woche

1. Tag 1 x 30, 1 x 250 Minuten.
2. u. 3. Tag wie 1. Tag.
4. Tag 1 x 20, 1 x 260 Minuten.
5. Tag 1 x 20, 1 x 270 Minuten.
6. u. 7. Tag wie 5. Tag.

3. Woche

1. Tag 1 x 20, 1 x 280 Minuten.
2. bis 5. Tag wie 1. Tag.
6. Tag 1 x 20, 1 x 290 Minuten.
7. Tag wie 6. Tag.

4. Woche

1. Tag 1 x 300 Minuten.
2. bis 5. Tag wie 1. Tag.
6. Tag 1 x 20, 1 x 300 Minuten.
7. Tag wie 6. Tag.

12. Monat – Ziel 3 Stunden bewegungslos – Vertiefung

1. Woche

Jeden Tag 1 x 20 und 1 x 300 Minuten normal.

2. Woche

1. Tag 1 x 20 und 1 x 180 Minuten bewegungslos.
2. Tag 2 x 150 Minuten normal.
3. Tag 2 x 150 Minuten bewegungslos.
4. bis 7. Tag wie 3. Tag.

3. Woche

1. bis 7. Tag je 1 x 20 und 1 x 180 Minuten bewegungslos.

4. Woche

1. Tag bis 4. Tag 1 x 20 und 1 x 300 Minuten normal.
5. Tag 1 x 200 Minuten bewegungslos.
6. u. 7. Tag wie 5. Tag.

Geschafft!

Jetzt haben Sie's geschafft! Sie sind jetzt soweit, dass Sie jederzeit 3 Stunden bewegungslos asanasitzen können. Damit haben Sie die gröbste Störung, nämlich das Körperbewusstsein bei der Meditation, ausgeschaltet und können nun mit Konzentrationstraining beginnen!

Jetzt haben Sie ein gutes Asana!

2.2.2. Aufmerksamkeit/Konzentration/ Bewusstheit

Störungen

Erinnern Sie sich bitte an Ihre *Kleine Meditationsübung* aus Kapitel 2.1. zurück ... ja genau, die Bauchmeditation. Wir baten Sie, auf Ihre Bauchdecke zu achten, wir baten Sie, sich zu konzentrieren. Wie gut ist Ihnen das eigentlich gelungen? ... Und denken bitte auch noch mal an die *Uhrübung* zurück: Wie schnell sind Sie mit Ihren Gedanken von der Beobachtung des Sekundenzeigers abgewichen? Vielleicht hat Ihr Bein gezuckt? Oder Ihnen fiel der nächste Einkauf ein? Oder Sie haben sich die Ziffern auf dem Anzeigeblatt angeguckt oder auf Außengeräusche gehört? Das sind Störungen!

Eine Leiter aus Worten

Das ist normal. Jeder, der Meditieren erlernen will, hat so seine Anfangs- und Fortgeschrittenenschwierigkeit mit den sogenannten Störungen der Konzentration. Um Ihre Konzentrationsfähigkeit zu verbessern, müssen Sie erst einmal genau wissen, was Sie tun, wenn Sie sich konzentrieren, und dann, was Sie tun müssen, um sich mehr zu konzentrieren. Je deutlicher eine Tätigkeit beschrieben wird, desto leichter wird es, sie akkurat durchzuführen. Deshalb brauchen wir ein klares Begriffskonzept zur Beschreibung der Tätigkeit Konzentration, sozusagen eine Leiter aus Worten, mit deren Hilfe Sie die Höhen der Konzentration erklimmen können.

3 Begriffe

Wir verwenden „Konzentration" als Oberbegriff des Konzeptes *Aufmerksamkeit/Konzentration/Bewusstheit*. Es beschreibt die unterschiedlichen Qualitäten und Quantitäten von Konzentration. Wenn Sie *Aufmerksamkeit/Konzentration/Bewusstheit* begreifen, können Sie stets angeben, wo Sie hinsichtlich Ihrer Konzentrationsentwicklung stehen und was Sie tun müssen, um Ihre Konzentration zu steigern. Machen Sie also mit: Lösen Sie sich gleich hier von der umgangssprachlichen Vorstellung von Konzentration ... Beginnen Sie, Ihr Verständnis von „Konzentration" über die Begriffe „Aufmerksamkeit, Konzentration und Bewusstheit" auszudifferenzieren. Wie genau Sie nach diesen Begriffen beobachten können, lernen Sie in den nächsten Kapiteln.

Lösen Sie sich von der alltagssprachlichen Vorstellung von Konzentration!

Noch ein paar Worte zum Meditationsobjekt:

Als Sie die *Uhrübung* gemacht haben, war der Sekundenzeiger Ihr Meditationsobjekt. Als Sie die *Bauch(decken)meditation* gemacht haben, war Ihre Bauchdecke Ihr Meditationsobjekt. (Wir kürzen das Wort „Meditationsobjekt" übrigens mit „MO" ab.)

Fingerübung

- Lehnen Sie sich nun entspannt in Ihrem Sessel zurück.
- Heben Sie Ihre rechte Hand und betrachten Sie den Fingernagel Ihres Zeigefingers.
- Sehen Sie nur den Fingernagel.
- Versuchen Sie, jede Einzelheit des Fingernagels zu erfassen.

Alles MO

Jetzt war Ihr Fingernagel ein MO! Also: MO kann jedes Ding, jeder Gegenstand, jede Wahrnehmung sein. Was ein MO von anderen Wahrnehmungen unterscheidet, ist, dass Sie die Absicht haben, nur das MO wahrzunehmen, sonst nichts. Normalerweise huschen Ihre Augen einfach nur über Ihre Umgebung – Sie gewinnen einen Gesamteindruck, ‚unwichtige' Details lassen Sie beiseite – und gewöhnlich lauschen Sie nicht nur einem einzelnen Wort, sondern hören ganze Sätze und Satzfolgen. Wenn Sie hingegen eine einzelne Wahrnehmung nehmen (sei es ein Geräusch, ein Wort, ein Bild, ein Gefühl oder was auch immer) und sich nur mit ihr befassen – sie fokussieren – dann haben Sie ein MO!

Jede Wahrnehmung oder Tätigkeit kann ein MO sein!

Sie können diese Beschreibung auch folgendermaßen alternativ sinnvoll reframen:

Ein MO ist eine Wahrnehmung, die ich benutze, um Aufmerksamkeit, Konzentration und Bewusstheit zu trainieren.

Doch auf jetzt! Klären wir endlich, was „Aufmerksamkeit, Konzentration und Bewusstheit" inhaltlich bedeuten.

2.2.2.1. Aufmerksamkeit

Was soll das sein?

„Aufmerksamkeit" ist die erste Sprosse auf unserer *Leiter aus Worten*. Was denken Sie, was „Aufmerksamkeit" sein könnte? ... Denken Sie vielleicht an Ihre Schulzeit, daran wie Sie Ihrem Lehrer aufmerksam zugehört haben? ... Oder denken Sie an einen Hund, der mit hochgestellten Ohren aufmerksam auf Geräusche lauscht? ... Wahrscheinlich fallen Ihnen, wenn Sie genauer über „Aufmerksamkeit" nachdenken, diverse ähnliche solcher Beispiele ein. Bemerkenswert ist: Jeder macht sich eigene Vorstellungen von „Aufmerksamkeit" – zwar können Ihre Vorstellungen denen Anderer ähneln, sind aber meist nicht mit ihnen identisch. Daraus folgt: Wenn Sie aufgefordert werden, aufmerksam zu sein, wissen Sie genau genommen gar nicht mal so genau, was Sie tun sollen.

„Aufmerksamkeit" wird in der Alltagssprache unscharf verwendet!

Gründlichkeit ist wichtig!

Das ist das Problem mit den Wörtern unserer Alltagssprache: Sie bedeuten in der Regel für jeden etwas anderes. Im Alltag mag das ‚hilfreich' sein: Man kann trotz mangelndem inhaltlichen Konsens dennoch (scheinbar) weiter gemeinsam handlungsfähig bleiben – wenn auch erfolglos, so hat man sich wenigstens Mühe gegeben ... Noch weniger als im Alltag funktioniert so etwas in der Meditation. Meditation müssen Sie von Grund auf und gründlich lernen. Und, was Sie dazu brauchen, sind Begriffe, mit denen Sie ganz konkret etwas anfangen können. Diese Begriffe sollten auch so gehalten sein, dass Sie sich mit Anderen konkret über Ihre Meditationen austauschen können. Sie sollten sinnlich wahrnehmbar verstehen können, was der Andere Ihnen beschreibt, und umgekehrt. Nur wenn Sie sich wechselseitig so verstehen, dass jeder von Ihnen die Beschreibungen des Anderen operational und sinnlich wahrnehmbar nachvollziehen kann, können Sie effektiv von einander lernen.

Lassen Sie sich nun in ein paar konkrete Begriffe entführen!

Was ist ein „Fokus"?

Fotoapparat und Linse

Na, denken Sie jetzt an einen Fotoapparat? Das war beabsichtigt! Wenn Sie sich einen Fotoapparat nehmen, durch den Sucher blicken, einen Gegenstand auswählen und die Schärfe einstellen, dann haben Sie einen „Fokus". Die Tätigkeit des Auswählens (Konstituierens) und Scharfstellens (eines Gegenstandes der Wahrnehmung) nennen wir „Fokussieren".

Können Sie das auch mit den Augen, den Ohren, mit Fühlen, Riechen oder Schmecken? ... Probieren Sie es.

Seh-Übung

- Lassen Sie jetzt Ihre Augen durch den Raum schweifen, ohne etwas genauer zu betrachten.
- Dann wählen Sie einen Gegenstand – egal welchen – aus.

- Sehen Sie ihn genauer und genauer und genauer an.
- Sie fokussieren gerade.
- Wenn Sie ihn richtig scharf haben, stellen Sie Ihren Blick voll darauf ein und ändern Sie nichts mehr.
- Jetzt haben Sie Ihren Fokus.

Nun mit den Ohren. Sie können auch innerlich hören, stimmt´s? Sie können Ihre eigenen Gedanken hören. Also denken Sie einfach drauf-los.

Hör-Übung

- Lassen Sie Ihre Gedanken schweifen und hören Sie sich dabei zu.
- Plötzlich sagen Sie Stopp und nehmen das letztgedachte Wort.
- Denken Sie es mehrfach hintereinander – immer genauer, immer schärfer.
- Sie fokussieren.
- Wenn Sie es richtig scharf haben, denken Sie es weiter in dieser Schärfe.
- Und da ist Ihr Fokus ...

Selbstverständlich funktioniert das auch mit Fühlen, Riechen oder Schmecken. Sie wissen ja nun, wie es geht, üben Sie es ruhig ein wenig.
Und jetzt können Sie „Aufmerksamkeit" erklären!

„Aufmerksamkeit" bedeutet, dass Sie über eine bestimmte Zeit gleich fokussieren!

Mehr dazu

Sie setzen also eine Zeit fest, über die hinweg Sie ein Meditationsobjekt beobachten. Sie beginnen mit der Beobachtung, indem Sie fokussieren. Sie fokussieren immer schärfer, bis Sie einen Fokus erreicht haben, der Ihnen gefällt. Dann halten Sie diesen Fokus ... Ihre Sinne funktionieren aber leider nicht so wie ein Fotoapparat[20] ... Den können Sie einmal einstellen und dann haben Sie die gewünschte Schärfe. Wollen Sie aufmerksam sein, müssen Sie immer und immer und immer wieder fokussieren.

Wenn Sie übrigens auf diesem Hintergrund über Störungen nachdenken, wird Ihnen etwas auffallen: Störungen zu haben, heißt, dass Sie (!) den Fokus verändert (verschoben) haben. Gerade war nur das MO im Fokus, jetzt das MO und ein oder mehrere andere Gedanken. Störungen passieren Ihnen nicht: Sie machen die Störung. Und noch ein Stück weiter gedacht, sind Sie selbst die Störung.[21]

Na denn los, üben Sie gleich mal ein bisschen. Wir haben wieder eine kurze Aufgabe für Sie – nicht länger als 10 Minuten. Sie sollen Aufmerksamkeit am eigenen Leibe erfahren. Wir bitten also um Aufmerksamkeit:

---

20) Wirklich ‚leider‘? ... Wie dem auch sei, funktionierten Sie wie ein Fotoapparat, müssten Sie Aufmerksamkeit nicht erlernen, Sie hätten diese Fähigkeit einfach, fertig ab ... Aber unsere Gedanken sind wie Flöhe in einem Sack: Sie hüpfen hierhin und dorthin ... und wir müssen uns schon ganz schön anstrengen, um aus ihnen einen wohl organisierten Flohzirkus zu machen, der eine gute Show liefern kann.

21) Selbiges gilt übrigens auch für Asana-Schmerzen. Was Ihnen die Möglichkeit gibt, sie abzuschalten.

Mantra-Meditation

- MO ist diesmal ein Wort, es heißt SCHIAMA.[22]
- Stellen Sie sich Ihren Wecker auf Klingeln in 10 Minuten.
- Setzen Sie sich in den Drachensitz.
- Schließen Sie Ihre Augen.
- Atmen Sie dreimal ganz tief ein und aus.
- Sagen Sie innerlich „Ich beginne nun mit meiner Aufmerksamkeitsübung."
- Dann sagen Sie innerlich das Wort SCHIAMA.
- Fokussieren Sie immer schärfer, bis Sie es deutlich hören.
- Halten Sie die größtmögliche Schärfe.
- Wenn Ihr Wecker piept, sagen Sie innerlich: „Ich beende nun meine Aufmerksamkeitsübung."
- Kommen Sie ganz langsam aus Ihrem Asana heraus und bewegen Sie vorsichtig alle Glieder.
- Fertig.

Übungssache

Na, wie hat's geklappt? Wahrscheinlich tauchten doch so einige Gedanken nebenher auf? Macht nichts, reine Übungssache. Wenn Sie regelmäßig und länger üben, wird es Stück für Stück besser.

Meditieren zu lernen braucht seine Zeit!

---

22) SCHIAMA ist ein Mantra. Ein Mantra ist ein Wort oder ein Satz, welches(r) in bestimmter – von Ihnen festgesetzter – Intonation als MO stetig wiederholt wird. Mantras können, müssen aber nicht unbedingt eine Bedeutung haben.

Damit Sie aber keine Zeit verschwenden müssen, noch ein paar Tipps, die Ihnen helfen werden, differenzierter zu fokussieren und dadurch Ihre Aufmerksamkeit noch weiter zu steigern.

Scharf aufgelöst?

Man nehme ein MO und löse es schärfer auf ... So weit, so schön, aber: „Woran bemerke ich überhaupt, dass ich scharf aufgelöst habe?" – Denken Sie an das Wort SCHIAMA, das Sie gerade 10 Minuten lang beobachtet haben. Würden Sie sagen, dass es Eins ist, oder würden Sie sagen, dass es aus vielen Einzelheiten besteht? – „Das ist eine Frage der Beobachterperspektive – beides ist richtig und wichtig", sagen Sie? – Wir stimmen Ihnen da voll zu.

Zu ‚viele' MOs

Wenn ich mein MO nicht als ein Ding beobachten kann, sondern als viele, dann habe ich auch nicht nur ein MO, sondern viele! Das passiert immer dann, wenn das MO sich verändert, wenn zum Beispiel das SCHIAMA mal ganz laut und dann wieder ganz leise ist oder die Betonung manchmal mehr auf dem I und manchmal mehr auf dem M liegt etc.

Schlappes MO

Wenn aber auf der anderen Seite mein MO ein ganz leises, schwaches SCHIAMA ohne Besonderheiten ist, dann habe ich nicht gerade hoch aufgelöst ...

Einheit/Menge

Anders ausgedrückt, soll das MO auf der einen Seite eine Einheit sein, auf der anderen Seite soll es eine Menge sein. Sie sollen es also als Eines beobachten, das sich, wenn Sie es einmal scharf eingestellt haben, nicht

79

mehr ändert. Und Sie sollen es auch als eine Menge aus vielen kleinen Einzelteilen beobachten, das heißt: Wenn Sie SCHIAMA denken, dann ist allein schon das „Sch" ein Abenteuer! Je mehr Einzelheiten Sie an SCHIAMA beobachten können, desto schärfer ist Ihr MO. Und je besser es Ihnen gelingt, die gleiche Anzahl von Einzelheiten zu beobachten, desto kontinuierlicher wird Ihr Fokus.

Fügen Sie viele interessante Einzelteile zu einer Einheit zusammen!

Üben wir das gleich:

- Stellen Sie sich aufrecht hin.
- Ziehen Sie 6 mal die Schultern hoch.
- Atmen Sie beim Hochziehen der Schultern tief durch den Mund ein.
- Dann lassen Sie die Schultern fallen und atmen geräuschvoll durch den Mund aus.
- Nun schließen Sie Ihre Augen.
- Sprechen Sie „SCHIAMA!".
- Kosten Sie jedes Einzelteil eines Buchstabens voll aus.
- Wie klingt das Sch?
- Wie das I?
- Wie das A?
- Wie das M?
- Wie das A?
- Und wie klingt das ganze Wort?

- Sprechen Sie SCHIAMA mindestens 20 mal.
- Ändern Sie Ihren Tonfall, die Betonung.
- Suchen Sie nach dem Optimalklang.[23]
- Reproduzieren Sie ihn, bis er sich richtig fest eingeprägt hat.
- Dann setzen Sie sich in den Drachensitz und wiederholen die 10-Minuten-Übung von vorhin.

Jetzt hatten Sie Aufmerksamkeit! Gratulation.

Je länger ...

Wenn Sie Meditationsübungen machen und Asana trainieren, werden Sie ein gutes Stück länger als 10 Minuten meditieren. 10 Minuten lang zu sitzen und Aufmerksamkeit zu üben, ist nicht so schwer. Wenn Sie aber eine Stunde lang sitzen, werden Sie insbesondere als Anfänger bemerken, wie es im Verlauf dieser Stunde doch immer schwieriger werden wird. Dann 10 Minuten aufmerksam zu sein — kontinuierlich ohne Störung — bedarf einiger Übung. Wir haben deshalb die Schulung der Aufmerksamkeit in drei Stufen eingeteilt.

Am Anfang wird Aufmerksamkeit eher schwerer —
später immer leichter!

---

23) Der ist nicht für Alle gleich – vielmehr wird jeder seinen eigenen Optimalklang finden! Experimentieren Sie also ruhig etwas herum.

Sortier-Stufen

Sie können anhand Ihrer Leistungen selbst beurteilen, auf welcher dieser Stufen Sie sich befinden. So wissen Sie, ob Sie sich verbessern oder stagnieren oder gar verschlechtern. Bedenken Sie aber vor allem in der Anfangsphase, dass sich Ihr MO verändert! Mit zunehmender Übung wird das MO schärfer. Deshalb kann man eigentlich, bevor Sie ein MO erreichen, das Sie auch mit kontinuierlicher Schärfe halten können, gar nicht von Aufmerksamkeit reden – Sie trainieren dann noch auf Aufmerksamkeit hin. Es ist immer besser, in seiner Selbsteinschätzung ehrlich mit sich selbst zu sein – im Positiven wie auch im Negativen. Um Ihren Stand und Ihre Leistungen zu beurteilen, machen Sie nach jeder Meditation genaue Aufzeichnungen, in denen Sie sich folgende Fragen beantworten:

Fragen

- Wie lange ca. habe ich mein MO in gleicher Schärfe gehalten?
- Aus welchen Einzelteilen genau hat mein MO bestanden?
- Welche Einzelteile waren im Vergleich zu vorherigen Meditationen neu?

Kurz-Check

Lesen Sie sich vor jeder Meditation Ihre letzten Meditationsberichte kurz durch und sehen Sie zu, dass Sie in der nächsten Meditation das MO entsprechend auflösen! Natürlich verwenden Sie immer nur das beste Ergebnis als Grundlage und natürlich sind Verbesserungen zulässig ...

Die 3 Stufen der Aufmerksamkeit

Und jetzt zu den Stufen!

Stufe 1:

Sie sind mindestens 20 Sekunden aufmerksam auf Ihr Meditationsobjekt.

- Bei Meditationsanfängern ist dies der erste Versuch sich zu konzentrieren. Die Gedanken springen hin und her, jedes Geräusch, jede Empfindung etc. ist eine Unterbrechung.[24] Nach und nach wird die Aufmerksamkeit kontinuierlicher. Wundern Sie sich nicht, wenn mit einiger Übung die Unterbrechungen zunehmen – das ist normal. Es bedeutet nicht, dass Sie schlechter werden, sondern dass Ihre Aufmerksamkeit steigt: Sie nehmen einfach mehr wahr.

Stufe 2:

Sie sind mindestens 10 Minuten aufmerksam auf Ihr Meditationsobjekt.

- Nun gelingt es Ihnen, Ihr Meditationsobjekt wenigstens 10 Minuten zu halten. Es ist zwar noch unscharf, aber im Vergleich zu vorher ist es schärfer. Während dieser 10 Minuten treten keine Unterbrechungen auf. Es kann zwar vorkommen, dass Sie nebenher an etwas anderes denken, etwas anderes fühlen, aber das

---

24) Eine Unterbrechung zu haben, heißt, dass Ihr MO vollständig weg ist, sei es auch nur für einen kurzen Moment. Zum Beispiel haben Sie gerade noch SCHIAMA gedacht und nun „mein rechter Zeh zwickt" o.ä. Genau als Sie an Ihren rechten Zeh dachten, war Ihr SCHIAMA weg ...

MO verschwindet nicht vollständig. Das heißt, Sie haben zwar Störungen in den 10 Minuten, aber keine Unterbrechungen.

Stufe 3:

Sie sind mindestens 30 Minuten aufmerksam auf Ihr Meditationsobjekt.

- Jetzt kommen Sie Konzentration schon näher. Sie bemerken, wie viele Störungen Sie erzeugen. Das Meditationsobjekt wird interessanter. Es kommt vor, dass Sie für Sekunden oder Minuten Ihr Meditationsobjekt richtig scharf haben – Sie nehmen kurzfristig nichts anderes mehr wahr. Es gibt zwar in den 30 Minuten noch Störungen, aber sie sind so fein, dass Sie sie häufig nur bemerken als „da war doch gerade was?".

Um das Verständnis der 3 Aufmerksamkeitsstufen zu vertiefen, versuchen wir sie einfach mal auf den Alltag zu übertragen. Als Beispielsituation verwenden wir das Lesen eines Romans.

Aufmerksamkeitsstufe 1 beim Lesen eines Romans:

Probleme ...

Der Roman ist nicht ganz so interessant. Sie haben gerade ein paar kleinere weltliche Probleme und können nicht so richtig abschalten. Für 20 Sekunden gelingt es Ihnen, dem Buch zu folgen, dann schweifen Ihre Gedanken ab und Sie landen wieder bei Ihren Problemchen. Sie bemerken es, nehmen sich aber vor, doch lieber weiterzulesen ... nach 20 Sekunden dasselbe Spiel. Dann kommt jemand ins Zimmer, dem Sie zusehen, dann trinken Sie einen Schluck Tee, dann verändern Sie Ihre Sitzposition usw.

Aufmerksamkeitsstufe 2 beim Lesen eines Romans:

Kurz-Spannung ...

Jetzt kommt eine spannende Stelle. Sie sind für 10 Minuten der Held des Romans. Sie sehen deutlich die Szenerie und werden vom Roman erfasst. Für 10 Minuten dringt nichts außer dem Roman in den Vordergrund. Sie denken vielleicht kurz nebenbei an den Tee, aber vorrangig sind Sie beim Buch. Nach 10 Minuten erst greifen Sie zur Tasse.

Aufmerksamkeitsstufe 3 beim Lesen eines Romans:

Entführung ...

Der Roman ist toll! Sie sind vollständig gefesselt. 30 Minuten lang leben Sie in einer anderen Welt. Wenn eine Fliege auf Ihrer Hand landet, bemerken Sie sie kaum, geschweige denn dass Sie versuchen, sie zu vertreiben. Nach 30 Minuten tauchen Sie auf, da es um Sie herum lauter und hektischer geworden ist.

2.2.2.2. Konzentration

„Konzentration" bedeutet Aufmerksamkeit auf einen schärferen Fokus!

Klarer Fall

Da steht es also, was Konzentration bedeutet. Alles klar? Nein? Kann es auch noch gar nicht, denn schließlich haben Sie ja eben erst begonnen, Aufmerksamkeit zu trainieren. Immer schön weiter meditieren, und Sie werden Klarheit gewinnen.

Der nächste Schritt

Wenn Sie Aufmerksamkeitsstufe 3 erreicht haben, sind Sie der Konzentration schon sehr nahe. Als nächstes muss es Ihnen gelingen, auf eine Stunde Aufmerksamkeit ohne Unterbrechungen zu kommen. Wenn Sie das geschafft haben, hat sich Ihr MO verändert!

Wenn die Unterbrechungen verschwinden, ändert sich Ihr MO!

Es entwickelt Gegenwärtigkeit – es ist kontinuierlich da, außer Sie schalten es ab.

SCHIAMA entfaltet

Erinnern Sie sich an Ihre Erfahrungen mit SCHIAMA. Solange noch Unterbrechungen auftauchen, hat SCHIAMA kaum eine Chance, so etwas wie ein Eigenleben zu entwickeln. Es muss immer wieder neu aufgebaut werden und sich gegen Störungen aller Art behaupten. Unter solchen Umständen kann sich das MO Ihnen nicht mitteilen ... „Das MO teilt sich Ihnen mit" ... das ist wohl eine der schönsten und passendsten Umschreibungen des angestrebten Phänomens. Wenn SCHIAMA unangefochten durch Unterbrechungen eine Stunde lang bestehen kann, wird es immer klangvoller, immer deutlicher, es entwickelt eine Eigenständigkeit und demonstriert Ihnen Details von sich, auf die Sie ‚alleine' nicht gekommen wären. Oder mit anderen Worten: Der Fokus wird stabiler und schärfer.

Störungen eliminieren

Das war jetzt recht passiv formuliert, was insofern hilfreich ist, als diese Beschreibung Sie dazu anleitet, Ihre Meditation geschehen zu lassen, sich durch Ihre Meditation anregen zu lassen und passiv wahrnehmend Konzentration zu gewinnen. Aber verleiten Sie sich nicht zu Handlungsunfähigkeit! Sie sind stets in der Lage, Einfluss auf den Verlauf Ihrer Meditation zu nehmen. Sie sind der Schöpfer des MO. Sie können immer mehr Störungen eliminieren und so Ihr MO immer reiner denken.

> *Aus dieser Perspektive bedeutet Konzentration also: Immer weniger Störungen haben und das MO immer genauer wahrnehmen.*

Stufen

Auf den folgenden Seiten finden Sie die Beschreibung der Konzentrationsstufen. Zum einen können Sie die Konzentrationsstufen quantitativ unterscheiden, zum anderen aber auch qualitativ – anhand der Art der auftretenden Störungen. Weiter unten, in den Abschnitten 2.2.2.4. und 2.2.2.5., finden Sie noch detaillierte Beschreibungen zum typischen Konzentrations- und Störungsverlauf.

Die 3 Stufen der Konzentration:

Stufe 1:

Sie können das MO eine Stunde lang ohne Unterbrechung halten.

- Sie nehmen das MO mit höherer Auflösung wahr. Starke Störungen können bereits nach 20 Sekunden auftreten und zur Abschwächung der MO-Auflösung führen, so dass Sie refokussieren müssen.

- Störungen sind: vorrangig external, z.B. Außengeräusche, Fliegen auf der Haut oder Ähnliches. Die Gefahr stark abzusinken (Müdigkeit, Tagträume, ein fast zähes MO) ist groß.

Ein Beispiel:

Sie sitzen in Ihrer ‚heiligen' Meditation. Eine Stunde lang können Sie Ihr SCHIAMA wiederholen, ohne dass Sie es verlieren. Für mindestens einmal 20 Sekunden ist Ihr SCHIAMA äußerst klar, rein, hell und deutlich. Plötzlich rattert ein LKW an Ihrem Fenster vorbei, und das SCHIAMA gerät in den Hintergrund, wird leiser, verschwindet aber nicht ganz. Sie holen es sich wieder näher heran. Es mag auch eine Phase kommen, in der es Ihnen sehr schwer fällt, SCHIAMA deutlich zu hören. Das MO wirkt wie flüssiges Blei, es kostet Sie viel Mühe, das MO zu schärfen, und Sie fühlen sich sogar ein wenig müde. Bilder tauchen auf, Sie träumen vom nächsten Urlaub o.ä., ohne jedoch das SCHIAMA ganz zu vergessen.

Stufe 2:

Wie Stufe 1 mit Aufmerksamkeitsstufe 2 auf höhere MO-Auflösung.

- Die Störungen sind stark bis mittel.
- Störungen sind: external schwächer als auf Stufe 1, dafür kommen internale Störungen stärker zum Vorschein, z.B. Gedanken, Bilder, Schmerz oder Ähnliches. Jetzt besteht die Gefahr, dass Sie sich stark erregen. Sie werden möglicherweise innerlich sehr unruhig, möchten entweder ganz stark auf das MO gehen oder die Meditation beenden.

Ein Beispiel:

Während Sie meditieren, tauchen Außengeräusche nur noch am Rande Ihres Fokus auf. Sie schenken ihnen nur wenig Beachtung. Dafür aber tun Ihre Beine sehr weh, der Nacken drückt und die Atmung ist auch nicht so toll. Immer wieder lenken Sie sich durch solche Störungen vom MO weg, aber es gelingt Ihnen doch, das SCHIAMA schon 10 Minuten lang deutlich zu hören. Dann, plötzlich und völlig grundlos, würden Sie gerne wieder aufstehen, Sie werden unruhig und aufgeregt. Das SCHIAMA klingt grell, fast störend ... es kribbelt Sie überall.

Stufe 3:

Wie Stufe 1 mit Aufmerksamkeitsstufe 3 auf höhere MO-Auflösung.

- Die Störungen sind mittel bis leicht.
- Störungen sind: internal sehr fein, Gedanken fliegen vorbei. Es kann vorkommen, dass Sie Gedanken nach außen projizieren, z.B. Ihren Atem so laut hören, als würde jemand anders – neben, vor oder hinter Ihnen – sehr laut atmen. Oder Sie hören laute Stimmen und stellen später fest, dass niemand etwas

gesagt hat oder die Stimmen von so weit her kamen, dass Sie sie eigentlich gar nicht hätten hören können. Oder Sie hören (internal) Radio oder sehen (internal) fern o.Ä. Das ist normal und vergeht.

Ein Beispiel:

Ihr SCHIAMA ist über 30 Minuten hinweg ganz klar und deutlich. Am Rande tauchen immer wieder Gedanken auf, doch Ihnen wird nicht einmal richtig klar, was für Gedanken das waren. Plötzlich werden Sie kribbelig und bemerken etwas später, dass draußen jemand schimpft wie ein Rohrspatz. Aber auch das nehmen Sie nur am Rande wahr. Manchmal hören Sie eine Stimme ganz deutlich, so dass Sie eigentlich jedes Wort in aller Klarheit erkennen könnten, aber Sie erkennen das Wort nicht. Es ist nicht wichtig und vergeht.

2.2.2.3. Bewusstheit

Was macht für Sie einen bewussten Menschen aus?

Mal wieder schwammig

Probleme bei der Antwort? Wen wundert's, denn häufig wird „Bewusstheit" als Synonym für „Aufmerksamkeit" oder „entspannte Wachsamkeit" benutzt. „Aufmerksamkeit" haben wir ja bereits geklärt und den Begriff „Bewusstheit" haben wir dafür nicht gebraucht. Wir wollen Bewusstheit und Aufmerksamkeit auch nicht gleichsetzen. Warum sollten wir zwei Worte mit der gleichen Bedeutung versehen? ... Machen wir nicht!

Unser Verständnis

Bewusstheit baut zwar auf Aufmerksamkeit auf, geht aber bei weitem über Aufmerksamkeit hinaus. Wir verstehen unter „Bewusstheit", dass Sie sich auf Konzentration konzentrieren! Bewusstheit ist eine Steigerung von Konzentration: Während es bei Aufmerksamkeit darum ging zu lernen, das MO eine Stunde lang zu halten, und bei Konzentration darum, gemeine Störungen zu eliminieren, geht es bei Bewusstheit darum, die Konzentration durch Konzentration auf Konzentration zu vertiefen.

„Bewusstheit" bedeutet: Konzentration auf Konzentration!

Wenn Sie bewusst meditieren, dann sind Sie:

a.   konzentriert und

b.   verwenden Sie alle Energie darauf, die Konzentration immer mehr zu verbessern, das MO noch feiner zu machen und selbst die kleinsten Störungen, wie z.B. eine ganz zarte Empfindung von Erregung oder Freude, aus Ihrem Erleben zu verbannen.

Konsequente Konzentration

Bewusstheit resultiert aus konsequenter Konzentration – Bewusstheit ist konsequente Konzentration. Sie können Konzentration und Bewusstheit durch die Art der auftretenden Störungen von einander unterscheiden. Bei Konzentration sind die Störungen noch leicht zu erkennen und leicht zu beschreiben, zum Beispiel als Geräusche innerhalb oder außerhalb, als Bilder, als Schmerzen etc. Bei Bewusstheit werden die Störungen entschieden subtiler. Man könnte sie fast hinterhältig nennen. Eine ganz typische Störung auf Bewusstheitsstufe 3 ist Freude. Aber es ist nicht die Art von Freude, die bei Konzentration auftritt, wenn Sie denken: „Toll, endlich habe ich mein MO so schön sauber." Das ist aus Perspektive Bewusstheit eine sehr grobe Störung, die auch bei Bewusstheit nicht auftritt. Hier passiert Ihnen ‚nur' noch ein ganz feines, jedoch höchst erfüllendes und intensives Empfinden nonverbaler Freude. Aber auch das ist auf Bewusstheitsstufe 3 eine Störung, denn Sie sollen sich ja nicht freuen, sondern nur SCHIAMA denken ... sich ausschließlich auf Ihr MO konzentrieren.

Die 4 Stufen der Bewusstheit:

Stufe 1:

Störungsart:

Leichtes Absinken.

Der Fokus vergrößert sich leicht, die MO-Auflösung wird nur schwach merklich niedriger, der Fokus scheint zu wabern. Körperliche MOs werden oft als „klebrig" beschrieben.

Ein Beispiel:

Leichtes Absinken bei SCHIAMA kann heißen, dass Ihr SCHIAMA ab und zu ein ganz klein wenig leiser oder zarter wird. Sie werden zwar nicht müde und es wird auch nicht schwer, aber immerhin nimmt die Intensität von SCHIAMA leicht ab ... vielleicht tritt das letzte A etwas zurück ... oder das ganze Wort dröhnt nicht mehr wie vorher in Ihrem Kopf oder Körper oder Raum, sondern tritt ein ganz klein wenig in den Hintergrund ... nur leicht, aber dennoch beobachtbar.

Stufe 2:

Störungsart:

Leichte Erregung.
Sie schießen leicht über den Fokus hinaus, die MO-Auflösung wird nur schwach merklich niedriger. Körperliche MO's werden häufig als „kribblig" beschrieben.

Ein Beispiel:

Leichte Erregung folgt meist nach leichtem Absinken. Ihr SCHIA-MA trat gerade etwas in den Hintergrund und Sie haben es wieder heran geholt. Konzentration ist Ihr einziges Ziel ... und nun schießen Sie darüber hinaus. Leicht erregt darüber, dass das SCHIAMA gerade abgesunken ist, machen Sie es jetzt zu deutlich und werden ein ganz klein wenig nervös. Es kann sein, dass sogar das Wort kribbelt. Auch das sind Störungen!

Stufe 3:

(Störungsart:)

Freude.
Sie freuen sich nonverbal über Ihr MO. Dies ist eine sehr subtile Störung, da sie eigentlich das Interesse am MO und die Motivation, auf das MO zu gehen, fördert, jedoch das MO leicht unsauber werden lässt.[25] (*Beispiel* s.o.)

---

25) Nicht dass Sie jetzt denken, wir wollen Ihnen erzählen, Freude sei in der Meditation oder überhaupt etwas Schlechtes ... ganz im Gegenteil: Meditation ist eine Technik, mit der Sie aus sich selbst heraus unabhängige, unbedingte, tiefe und durchdringende Freude hervorbringen können ... tun Sie das allerdings auf Bewusstheitsstufe 3, dann handelt es sich um eine Störung.

Stufe 4:

Störungsart:

(Mühelosigkeit) ...

Ein Beispiel:

Sie setzen sich in Ihre Meditation und greifen Ihr SCHIAMA auf. Für ca. 10 Minuten ist das SCHIAMA zwar schon deutlich da, aber es sinkt noch leicht in den Hintergrund und Sie werden beim Versuch, es deutlicher zu bekommen, etwas aufgeregt ... Dann haben Sie es in aller Schönheit und es bleibt bei Ihnen bis zum Ende der Meditation, wie lange sie auch dauern mag.

Spontaneität:

Die letzte Stufe der Konzentration, das erstrebenswerte Ziel, ist Spontaneität.

Wo, wie, wann immer

Stellen Sie sich vor: Egal wie es Ihnen gerade geht, egal wo Sie sich gerade befinden, egal wer gerade da ist, egal ob es kalt oder warm ist ... Sie setzen sich in Ihre Meditation und das MO ist da, ohne Störungen, ohne Abweichungen – scharf und deutlich.

Vollständig abschalten

Wenn Sie Spontaneität erreicht haben, können Sie jederzeit vollständig abschalten. Und wir meinen damit nicht nur, sich einfach mal locker zurücklehnen, die Augen schließen und entspannen ... wir meinen: Sich so vollständig und abrupt konzentrieren zu können, dass nichts mehr außer dem MO da ist – auch kein Ich, das sich konzentriert – alles ist von Anfang an reines MO. Von Vielen wird dieser Zustand erst nach langer Meditationszeit erreicht. Oft wird er Samadhi genannt.

Wir behalten uns diesen Begriff allerdings für die Beschreibung meditativer Ekstasephänomene vor.

2.2.2.4. Konzentrationsverlauf

Anfangs

Als völliger Neuanfänger in Sachen Meditation werden Sie mit Ihrem ersten MO die Konzentrationsstufen sämtlich in der von uns beschriebenen Reihenfolge durchlaufen. Wie weit Sie dabei kommen, hängt von Ihrem Einsatz ab.

Später

Als Fortgeschrittener wird es sich für Sie nicht so verhalten, dass Sie irgendwann eine hohe Konzentrationsstufe erreicht haben, vielleicht sogar Spontaneität, und das zwingend so bleibt. Einerseits: Wenn Sie Ihre Praxis über ein gewisses Mindestmaß hinaus reduzieren, werden erworbene Fähigkeiten wieder abnehmen. Sie können sie zwar relativ leicht und schnell mit mehr Praxis wieder aufbauen, aber es bleibt dabei: Bei zu geringer Praxis nehmen erworbene meditative Fähigkeiten wieder ab. Ferner: Wenn Sie beginnen, mit einem neuen MO zu meditieren, werden Sie vermutlich erst einmal auf einer entschieden niedrigeren Konzentrationsstufe beginnen, als Sie es von bekannten MOs her gewohnt sind. Selbst wenn Sie ansonsten auf Bewusstheitsstufen meditieren, kann es Ihnen mit einem neuen MO passieren, dass Sie anfangs auf Aufmerksamkeitsstufe 3 landen. Allerdings können Sie sich als Fortgeschrittener auch mit einem neuen MO recht schnell wieder hohe Konzentrationsstufen erarbeiten.

Stetige Steigerung

Wir haben die Erfahrung gemacht, dass es überhaupt nichts bringt, darauf zu hoffen, irgendwann einen ‚großen Erleuchtungszustand' zu erfahren und ihn dann zu behalten. Diese Einstellung führt nur dazu, dass man zu früh aufhört, sich in der Meditation weiter zu steigern ... und Steigerung ist immer möglich, auch Spontaneität ist keine letzte Grenze!

Endloser Prozess

Der Konzentrations-Stufen-Ablauf, den wir hier gezeigt haben, hat kein Ende. Sie werden selbst die Erfahrung machen, dass das so ist. Wenn Sie auf ein MO längere Zeit meditieren, wird es sich ‚von alleine' verändern. Schon das kleine SCHIAMA kann Ihnen vollkommen neue Welten eröffnen. Und wenn sich SCHIAMA verändert hat, haben Sie möglicherweise ‚ein ganz neues MO' und fangen vielleicht erst einmal bei Aufmerksamkeit wieder an. Tun Sie sich den Gefallen und prüfen Sie sich. Halten Sie nicht leichtfertig Aufmerksamkeit für Konzentration oder gar für Bewusstheit – so nehmen Sie sich die Möglichkeit, noch mehr wahrzunehmen.

Höchster Wert

Es wird Ihnen schon aufgefallen sein: Wir legen viel Wert auf Konzentration. Stimmt! So manchem missfällt das, er möchte lieber schnell ‚tolle' Erfahrungen machen, zum Beispiel Ekstasephänomene (s.u.) erleben. Aber jene können nicht sehen, dass Konzentration selbst eine tolle Erfahrung ist, eine Erfahrung, die in ihrer Intensität nicht hinter Ekstase zurücksteht. Und seien Sie gewiss, wenn Sie Ihr Hauptaugenmerk auf Konzentrationssteigerung legen, entwickeln sich die anderen

Phänomene eh. Und es kommt noch besser: Als konzentrierter Meditierender werden Sie immer mehr neue Erfahrungen machen.

Konzentration steht über allem!

Vertieft

Lassen Sie uns das noch etwas vertiefen, denn Sie sollten sich wirklich bemühen, das Prinzip der stetigen Steigerbarkeit inhaltlich zu begreifen, ansonsten sitzen Sie vielleicht eines Tages in Ihrer Meditation, es fängt an, um Sie herum zu leuchten, und Sie denken, Sie hätten das Tollste auf der Welt erreicht, wären erleuchtet und weiter geht's nicht.

Ein paar vertiefende Gründe für Konzentration:

Nebenprodukte

a. Viele Meditierende setzen sich Ziele wie Samadhi oder das Lösen des Astralkörpers.[26] Solche Phänomene jedoch sind eher Nebenprodukte der Meditation und insofern als Ziele der Meditation nicht sonderlich gut geeignet. Sie treten im Verlauf der meditativen Entwicklung auf. Das heißt, möchte man sie erleben, muss man seine meditative Entwicklung voran treiben, und das wiederum kann man viel effektiver über Konzentrationssteigerung, als durch die Jagd nach Phänomenen! Setzt man sich Konzentrationssteigerung als schlichtes Ziel der

---

26) „Samadhi" bezeichnet in unserem Meditationsmodell die letzte Ekstasestufe – sehen Sie im entsprechenden Kapitel nach, dann können Sie sich eine ungefähre Vorstellung davon machen.

Meditation, fällt es einem erfahrungsgemäß entschieden leichter, sich zu lockern und zu entspannen, was der Qualität der Meditation extrem förderlich ist.

Übertreffen

b. Wir leben, um zu lernen, um uns weiter zu entwickeln, um uns stets zu übertreffen. Was tun wir, wenn wir unser ‚endgültiges' Lebensziel erreicht haben? ... Viele Menschen sterben dann einfach ...

Keine Stagnation!

c. Der Meditierende kann sich nie auf seinen Lorbeeren ausruhen! Wir haben zu viele Menschen kennengelernt, die lange Zeit meditiert haben, dann plötzlich meinten, sie hätten etwas erreicht (wie beispielsweise ein sogenanntes Astralphänomen), und anschließend einfach aufhörten zu meditieren, sei es aktiv, indem sie sich überhaupt nicht mehr in die Meditation setzten, oder passiv, indem sie nur noch vor sich hin dösten und das dann Meditation nannten. In der Regel bekommen jene gar nicht mit, dass sie aufgehört haben zu meditieren. Also: Prüfen Sie sich, hinterfragen Sie sich. Bleiben Sie nicht stehen! Gehen Sie weiter!

Veränderung

d. Meditation kann zum Trott, zur Gewohnheit werden. Kontinuierliche Veränderung und Verbesserung schützen Sie hiervor.

Mystifizieren

e.   Viele neigen dazu, die in der Meditation auftretenden
     Phänomene – wie z.B. strahlendes Licht, sanftes Leuchten,
     Schweben, Ekstase und dergleichen – zu mystifizieren.
     Aber das sind ganz normale Begleiterscheinungen – die
     zugegebenermaßen viel Spaß machen können. Wer hier
     nicht ganz klar sagen kann: „Stopp! Konzentration ist
     das Ziel!", wird möglicherweise die Erfahrung machen,
     Eins mit Gott zu sein oder so, aber das war's dann
     auch. Weiter geht's dann meist nicht mehr ... schade
     eigentlich, denn es gibt noch eine Menge mehr!

Bedrohliches

f.   Durch Entspannung treten leicht auch mal Phänomene
     auf, die der Einzelne, je nach seiner individuellen
     Disposition, gar als bedrohlich empfinden kann. Durch
     Konzentration verliert die Bedrohung ihren Bezugspunkt.

2.2.2.5. Störungsverlauf

Im Laufe Ihrer Meditationspraxis werden Sie wahrscheinlich feststellen, dass Sie gewissermaßen eine fortschreitende Entwicklung hinsichtlich der Art und Beschaffenheit Ihrer Störungsgedanken durchleben. Dieser Störungsverlauf ähnelt sich bei vielen Meditierenden:

1. Störungen durch den Alltag

*   Anfänglich stören Gedanken an gestern und an morgen. Sie
    schmieden Pläne, denken über eigene Schwächen nach, über
    den späteren Einkauf oder über Ärger im Büro ... Schmerzen

sind Störungen, die immer wieder in unterschiedlichen Varianten auftreten können. Erst ab Konzentrationsstufe 3 nehmen Sie sie nicht mehr wahr!

2. Störungen durch Erinnerung

- Hier angekommen, können Sie die Gedanken, die Sie auf Störungsstufe 1 plagten, ganz locker beiseite schieben. Doch nun kommen Erinnerungen, die schon länger zurückliegen. Es fällt Ihnen vielleicht plötzlich ein, was für Schuhe Sie an Ihrem 6. Geburtstag getragen haben.

3. Störungen durch interne Verarbeitung

- Dann folgen Verarbeitungsprozesse, die tiefer sitzende problematische Erfahrungen zum Thema haben, z.B. aus der Schul-, Ausbildungs-, Kindergartenzeit etc., aber auch zeitunabhängig Verarbeitungen von Unfällen, Krankheiten, Lebenskrisen etc. Verbindend ist die ehemals hohe emotionale Intensität der Erlebnisse.

4. Störungen durch Halluzinationen

- Wenn Sie kontinuierlich weiter trainieren, überwinden Sie die ersten 3 Störungsstufen und jetzt erscheinen „fliegende" Bilder. Diese Bilder sind zuerst vielleicht ungreifbar wie im Traum, langsam und obskur, oder sie rasen unscharf und bedeutungslos einfach so an Ihnen vorbei. Doch nach und nach werden sie fester. Es kommt vor, dass ein Bild so klar und deutlich vor Ihnen steht, dass Sie denken, Sie haben die Augen offen und sind in einer anderen Welt. In der Regel kommen auch Ihre anderen Sinne nach und nach hinzu ... und plötzlich spüren Sie einen leisen Windzug und hören, wie der goldlockige Engel da vor Ihnen zu Ihnen spricht. Machen Sie sich klar, dass da kein Engel steht, sondern Sie es lediglich gewohnt sind, Ihren Gedankenfluss immerzu in anschauliche Zusammenhänge zu formen. Ihr Gehirn muss lernen, sich nur und ausschließlich auf das MO zu konzentrieren. Bleiben Sie beim MO, verschwinden auch die Engel wieder.[27]

5. Störungen durch Schärfung der Sinne 1

- Nun werden Sie hellhörig und hellsichtig. Sie hören und sehen Dinge, die tatsächlich derzeit in Ihrer Umwelt geschehen, die Sie aber eigentlich gar nicht sehen und hören können. Anscheinend leistet unser Wahrnehmungsapparat viel mehr, als wir normalerweise bewusst registrieren. Wir haben Wahrnehmungsschranken aufgebaut, damit wir nicht von Sinneseindrücken überschüttet werden. Sicherlich ist es anfänglich faszinierend, in der immens verfeinerten Sinneswahrnehmung zu schwelgen, aber denken Sie daran: „Störung!"

6. Störungen durch Schärfung der Sinne 2

- In der Folge kann es vorkommen, dass Sie meinen, die internen Prozesse anderer Personen oder von Tieren oder gar von Dingen wie Ihre eigenen Gedanken, Gefühle und Empfindungen

---

27) Die Engel sind nur ein Beispiel, die Halluzinationen können auch ganz andere Formen annehmen. Gemeinsam ist ihre Surrealität, ihre Wahrheit, ihre vereinnahmende Tiefe ... Wie viele Weissagungen, Erleuchtungserlebnisse usw. wohl genau genommen nichts anderes waren als Konzentrationsstörungen? ... ☺

wahrzunehmen ... vielleicht tun Sie das ja auch tatsächlich ... dennoch, nicht vergessen: „Störung!"

2.2.3. Entspannung

Offenheit und Selbstkritik

Wir werden im Weiteren schildern, welche Entspannungs- und Ekstasephänomene in der Meditation auftreten können. Solche Phänomene gehören zur Meditation dazu, sie verbessern die Meditation, sie können Ihre Konzentration vertiefen und Ihnen den Zugang zum MO erleichtern. Und damit das auch tatsächlich klappt, sollten Sie sich bemühen zu lernen, Entspannungs- und Ekstasephänomene auch aus Perspektive Konzentration zu beobachten: Aus Perspektive Konzentration sind Entspannungs- und Ekstasephänomene Störungen. Sie lenken Sie von der Konzentration ab. Fokussieren Sie die Entspannungs- und Ekstasephänomene gar, dann werden sie zu Unterbrechungen. Das Problem: Ihre Konzentration nimmt ab und daraus resultierend schwinden Entspannung und Ekstase. Entspannung und Ekstase sind herrlich, aber wenn Sie sie übermäßig beachten, graben Sie ihnen das Wasser ab. Betrachten Sie Ihre Meditationsergebnisse immer offen und kritisch. Wenn Sie in Entspannung und Ekstase schwelgen, gönnen Sie's sich, aber seien Sie sich auch ehrlich dessen bewusst, dass Sie es tun, und lernen Sie, es wieder zu beenden, sonst werden Sie's irgendwann nicht mehr können. Machen Sie sich nicht vor, Ekstase sei Konzentration. Sie ist es nicht, kann Ihnen aber, wenn richtig eingesetzt, dabei helfen, Ihre Konzentration zu steigern. Zur Überprüfung können Sie Entspannungs- und Ekstasephänomene dazu verwenden, die Tiefe Ihrer Konzentration zu messen: Immer dann, wenn Sie meditieren und von

Entspannungs- und Ekstasephänomenen nichts mehr mitbekommen, bis etwas Ihnen bisher gänzlich Unbekanntes auftritt, haben Sie Ihre Konzentration vertieft!

Lernen Sie, alle Phänomene, die Sie während der Meditation beobachten und die nicht MO sind, als Störungen zu betrachten!

Heilige Phänomene ...

Viele Meditationsschulen machen aus den im Folgenden beschriebenen Phänomenen große Geheimnisse. Das oft deshalb, um den Einblick in die eigenen, selbstständigen Fähigkeiten zu verwehren, manchmal aber auch, um den Schüler vor Selbstbetrug zu schützen. Letzteres hört sich zwar nach einem lauteren Motiv an, ist aber dennoch falsch, denn: Wenn Sie meditieren, müssen Sie Ihr eigener Korrektor sein! Selbstbetrug hat überhaupt keinen Sinn, er wird sich im Laufe der Zeit – wenn Sie weiter meditieren – sowieso als solcher offenbaren, indem Ihnen die praktische Nutzlosigkeit der Abwege, auf die Sie eine nicht authentische Selbstbeschreibung zwingt, immer bewusster werden wird.

Geheimniskrämerei fördert eher Neugierde und Mystifizieren als ernsthaftes Streben!

Was soll Entspannung sein?

Die Frage war an Sie gerichtet!

Welche Vorstellung haben Sie von Entspannung?

Denken Sie in Ruhe darüber nach!

Wahrscheinlich etwas komplexer?

Na? ... Mittlerweile haben Sie unsere Herangehensweise ja schon ein wenig besser kennengelernt, haben sich hoffentlich etwas auf unsere Denkweise eingeschossen ... und deshalb fällt Ihnen zu „Entspannung" jetzt sicherlich einiges mehr als bloßes Zurücklehnen im Fernsehsessel ein ... oder?

Haben Sie vielleicht auch an Autogenes Training oder vergleichbare Entspannungstechniken gedacht? ... Prima, das ist so ungefähr die Richtung, in die wir wollen. „Entspannung" bezeichnet zum einen ein Erfahren, aber dieses Erfahren geschieht einem nicht zufällig, es ereignet sich nicht rein passiv, „Entspannung" bezeichnet gleichermaßen eine Technik: Sie führen sie aktiv und willentlich herbei – wenn Sie lernen, Entspannung zu praktizieren und zu erfahren, werden Sie lernen, sich tatsächlich zu entspannen.

Ein praktisches Entspannungsmodell

Später in diesem Buch werden wir Ihnen Techniken zur Entspannung ausführlicher beschreiben. Zuvor jedoch möchten wir Ihnen ein kleines Modell vorstellen, welches Ihnen ermöglichen wird, den Grad Ihrer Entspannung – die Tiefe Ihrer Entspannung – einzuschätzen. Es wird Ihnen dabei helfen, Ihr Erfahren von „Entspannung" zu strukturieren, um Ansätze zu finden, mittels derer Sie Ihre Entspannung aktiv vertiefen können.

Kleine Kinder

Als Sie geboren wurden, waren Sie ein ziemlich hilfloses kleines Ding – nicht einmal essen konnten Sie alleine. Sie waren angewiesen auf andere Menschen. Zuerst konnten Sie nur eher wenige Einzelheiten wahrnehmen. Doch das wurde Stück für Stück mehr. Sie lernten.

Körpersprache wird erlernt

Sie lernten selbständig zu essen, zu laufen, zu trinken, und Sie lernten auch soziales Verhalten. Noch bevor Sie die gesprochene Sprache verstehen und repräsentieren konnten, erlernten Sie die sogenannte Körpersprache.

- Welcher Gesichtsausdruck ist wie zu interpretieren?
- Wie sind hochgezogene Schultern oder zusammengekniffene Brauen usw. zu deuten?
- Welche Körperhaltung signalisiert Gefahr, welche Angst, welche Trauer etc.

Passende Verhaltensweisen erlernen

Sie lernten auch, welche Verhaltensweisen Sie zeigen müssen, damit Sie anerkannt werden. Und je länger und regelmäßiger Sie sie praktizierten, desto automatischer wurden diese Verhaltensweisen. Heute ist es für Sie vollkommen normal, in Stresssituationen die Nackenmuskeln anzuspannen, stimmt's? ... Aber, was bringt das Anspannen der Nackenmuskeln bei Stress eigentlich ... außer möglicherweise Kopfschmerzen? ... Sozial signalisiert es, je nachdem wie durchgeführt, z.B. Aktionsbereitschaft, Angriffsbereitschaft, Passivität, Unterwürfigkeit,

... es artikuliert ein automatisiertes und anerkanntes Signal, von dem Sie erwarten, dass es bei Ihnen und Anderen Reaktionen hervorruft, die Ihnen helfen, die Stresssituation zu bewältigen. Stimmt das aber auch ... bewältigen Sie die Situation so besser? Und wollen Sie Ihre Nackenmuskeln tatsächlich anspannen? ... Allein die dauernden Kopfschmerzen bei Stress und das ewige Unwohlsein wären ja schon ein Grund, es einfach zu lassen ... aber können Sie es noch, Ihren Nacken und Ihre Schultern bei Stress lockern ... so richtig?

Ein kleines Kind wird stets zuerst die in der Kultur, in der es aufwächst, anerkannten Verhaltensweisen erlernen – die seine Anpassung an sein Umfeld und damit sein Überleben gewährleisten!

Automatismen

In sehr vielen Situationen Ihres Lebens handeln Sie nach automatisierten Verhaltensschematismen – vielleicht weil es schnell gehen muss oder weil Ihnen nichts anderes einfällt oder gar weil Sie zu träge sind, um etwas zu ändern. Das Problem dabei ist, dass diese Automatismen mit der Aktivierung, Anspannung und Verkrampfung spezifischer Muskelpartien einhergehen. Wir nennen derartige Muskelverkrampfungen „Verspannungen". Verspannungen resultieren aus Automatismen und lösen Automatismen aus. Sie reduzieren Ihr Potenzial, freie Entscheidungen zu fällen. Je mehr Automatismen Sie unterliegen, desto mehr leiden Sie wahrscheinlich unter teilweise schmerzhaften Verspannungen – wobei es vorkommen kann, dass die mit Verspannungen einhergehenden körperlichen und psychischen Schmerzen sublimiert werden – desto schwerer fällt es Ihnen, Tiefenentspannung zu erreichen. Ursprünglich war das jetzt automatische und verspannte Verhalten wahrscheinlich einmal viabel, vielleicht war es sogar überlebenswichtig ... aber ist es das jetzt immer noch? – Verspannungen und Automatismen können nicht nur einfach hinderlich sein, sie können, je nachdem wie stark ausgeprägt sie sind und in welchem Kontext sie auftreten, Ihr Überleben gefährden. Es stellt sich also gleich aus mehrerlei Hinsicht die Frage, wie man seine Verspannungen und Automatismen loswerden kann. Dummerweise ist das meist gar nicht mal so einfach. Um es zu schaffen, lautet der vielleicht wichtigste Ansatz: Wenn Sie sich nicht mehr anspannen wollen, sondern locker lassen möchten, brauchen Sie eine Handlungsalternative. Sie müssen wissen, wie genau Sie sich in einer jeweiligen Situation locker verhalten können, und dieses Verhalten dann, wenn es drauf ankommt, zeigen – Sie müssen sich sozusagen reprogrammieren.

Vollständige Lockerung

Entspannung bedeutet vollständige Lockerung aller Muskeln und Sehnen plus: Einsetzen einer Alternative fürs Anspannen![28] Um das zu schaffen, müssen Sie sich mit sich selbst auseinandersetzen:

- Was sind Ihre Probleme?
- Wann reagieren Sie automatisch?
- Welche Möglichkeiten außer Anspannung bestehen? Vielleicht Lachen oder Yoga oder Meditation oder, oder, oder?

---

28) Mit anderen Worten: Ausführen eines bewussten Alternativverhaltens anstelle automatischer Verspannung.

Entspannung heißt: Vollständige Lockerung aller Muskeln und Sehnen + Generieren neuer Verhaltensweisen!

Gewohnheit

Je öfter Sie einen Muskel anspannen, desto mehr wird es zur Gewohnheit. Die Muskeln werden nach und nach härter und schlechter durchblutet. Bei vielen Menschen, die keine Erfahrung mit willentlicher Selbstbeobachtung haben, korrespondiert mit fast jedem Erleben oder Handeln ein jeweils spezifisches Verspannungsmuster. Die meisten der oberflächlichen Verspannungsmuster lassen sich ganz leicht durch etwas mehr Bewusstheit für das eigene Handeln und Erleben auflösen. Um tiefer liegende Verspannungsmuster aufzulösen, bedarf es etwas mehr Einsatz. Meditation und begleitende Körpertechniken schulen die Körperbewusstheit, die Bewusstheit für das eigene Denken, fördern die Entspannung und tragen so von sich aus bereits immens zum Auflösen von Verspannungen bei. Hinsichtlich tiefer liegender Verspannungen setzen sie Entwicklungsprozesse in Gang, die erst einmal über geraume Zeit opak bleiben können. Wollen Sie sich hier den Weg erleichtern, wird es hilfreich sein, sich mit Ihren individuellen Problemen auseinander zu setzen.

Je öfter Sie etwas tun, denken oder wahrnehmen, desto mehr wird es zur Gewohnheit, automatisiert es sich, wird fester!

Genommene Handlungsmöglichkeiten

Es kann vorkommen, dass Sie eine Meditation machen, sich z.B. die Muskeln Ihres oberen Rückens lockern und Sie urplötzlich fürchterlich traurig werden und weinen möchten. Das heißt nun nicht, dass in den Muskeln Erfahrungen von früher sitzen. Das heißt lediglich, dass Sie sich durch das Lockern dieser Muskeln eine gewohnte Handlungsmöglichkeit genommen haben und sich nun damit auseinandersetzen müssen, wie Sie diese sinnvoll ersetzen können. Unterlassen Sie das, sind die Verspannungen schnell wieder da – oft werden sie dann sogar noch stärker, als sie es vorher waren.

Kopftraining

Lassen Sie deshalb auch das Kopftraining nicht außer Acht. Schulen Sie Ihre Fähigkeit, logisch und rational zu denken – dann können Sie mit „Emos" besser umgehen.

Kopftraining ist wichtig!

Die Entspannungsstufen:

Ablauf

Diese Stufen werden in der Regel nacheinander durchlaufen. Wenn Sie mit der Meditation beginnen, erreichen Sie Stufe 1 ziemlich schnell – so ca. nach einem Monat. Durch Asana wird der Körper ruhig gestellt und nicht mehr bewegt. So können sich die Muskeln fallenlassen und abspannen. Solche Ruhe gelingt Ihnen nicht einmal im Schlaf, denn auch im Schlaf bewegen Sie sich stetig.

Vergleich

Die ersten beiden Stufen sind vergleichbar mit den Ergebnissen, die jemand erzielt, der regelmäßig eine ¾ Stunde täglich Autogenes Training macht. Die weiteren Stufen gehen darüber hinaus.

Ergebnis

Wenn Sie täglich 3 Stunden meditieren, haben Sie Entspannungsstufe 4 nach ungefähr einem Jahr erreicht. Die Vorteile, die Sie dadurch gewinnen, sind ungeheuerlich!

- Sie brauchen weniger Schlaf! Sie können im Durchschnitt mit 5-6 Stunden auskommen – Ausnahme, Sie haben wirklich hart gearbeitet.
- Die Lockerung Ihrer Muskeln und Sehnen macht Sie im Alltag entspannter, ausgeglichener und freudiger – so schnell haut Sie nichts mehr um.
- Viele Mediziner anerkennen bereits, dass durch Autogenes Training Krankheiten verhindert und geheilt werden können – das gilt für Meditation im hier beschriebenen Sinne genauso, wenn nicht gar noch mehr.
- Sie werden vielfältiger. Die Lösung von Verspannungen fördert – durch Ihre Einsatzbereitschaft unterstützt – neue Verhaltensweisen zutage: Sie werden ein neuer Mensch.

Stufe 1:

Lockerung

Der Körper fühlt sich warm und weich an. Einige Muskeln beginnen zu ploppen und zu blubbern. Der Puls liegt etwa bei 60 Sekunden in der Minute. Das Gesicht ist entspannt, der Unterkiefer hängt locker, die Augen gehen nach oben(-innen) (leicht). Häufig wird eine Körperempfindung wie ‚Wattegefühl' beschrieben.

Stufe 2:
Lösung

Stufe 1 vertieft sich, die Lockerung nimmt zu. Das Empfinden von Wärme und Weichheit ist kontinuierlicher und stabiler. Einzelne Muskelpartien beginnen sich zu verschieben. Der Körper wird so wahrgenommen, als verziehe er sich, einzelne Körperteile verändern scheinbar oder offenbar ihre Lage oder verschwinden scheinbar.

Zwischenstufe:

Vibrieren und Schlagen des Körpers (nicht intentional!). Diesem Phänomen sollte nicht zuviel Bedeutung beigemessen werden, da das der Festigkeit des Asana abträglich werden kann. Im Zweifelsfalle, wenn andere Entspannungsphänomene unklar sind, ist nach der Konzentration zu fragen: Entspannungsstufe 2 tritt nicht vor Konzentrationsstufe 1 auf.

Stufe 3:
Diamant

Der Körper wird langsam hart und fest. Dieses Empfinden unterscheidet sich deutlich von Verspannungsempfindungen. Die Entwicklung vollzieht sich (vor allem anfangs) langsam bei den unteren Körperpartien beginnend und dann immer weiter nach oben wandernd, bis der gesamte Körper erfasst ist. Die Konturen verschwinden. Es kann zu Phänomenen wie Rauschen, Geschwindigkeitsempfindungen oder Ähnlichem kommen. Die Lösung verstärkt sich. Ihr Körper kann manchmal die gesamte Meditationszeit hindurch in verzogener Haltung bleiben und ist dabei fest.

Stufe 4:
Leichtigkeit

Der Körper ist gelähmt. Die Lähmung beginnt an den Beinen und steigt dann langsam höher. Ist die Konzentration zu niedrig, können Sie hierauf mit Angst reagieren. Kritische Zonen sind insbesondere Brustkorb, Hals und Gesicht. Kommen Sie in diese Phase, sollten Sie anfänglich immer eine erfahrene Person in Rufnähe haben. Der Körper fühlt sich tatsächlich gelähmt an: Einfluss auf Atem, Schlucken etc. kann nicht genommen werden – zumindest nicht ohne konzentratives Zurücknehmen, was manchmal schwierig ist und Geduld und Ruhe erfordert. Nach vernünftigem Zurücknehmen treten keine Probleme auf. Bei hektischen Bewegungsversuchen allerdings ist mit Herzrasen oder Schlimmerem zu rechnen. Sollten Sie trotz unserer Warnung in Schwierigkeiten geraten, bleiben Sie gefasst, setzen Sie Konzentration ein, um ihr Körperempfinden wiederzuerlangen, zuerst das Gesicht, dann Hals und Kehlkopf, so dass Sie nach besagter erfahrener Person rufen können, die dann vorsichtig unterschiedliche Teile Ihres Körpers berührt, damit Sie Feedback von Außen bekommen und auf diese Weise Ihr gewohntes Körperempfinden aktivieren können. Regenerieren Sie sich und machen Sie einige Körperübungen, um Kreislauf und Stoffwechsel wieder auf das gewohnte Level zu bringen. Achten Sie dabei sorgfältig auf Ihren Körper: Überanstrengen Sie sich nicht – Ihr Körper und Ihr Geist müssen sich langsam wieder an den Umgang miteinander und mit der materiellen Welt gewöhnen.

Das hat sich jetzt vielleicht alles etwas erschreckend angehört ... ‚Lähmung' ... bedenken Sie aber, dass wir aus Vorsichtsgründen beschrieben haben, was Ihnen passieren kann, wenn Sie Fehler machen, die Fassung verlieren, panisch werden. Diese Entspannungsstufe fühlt sich schlicht wie ‚Lähmung' an, aber es ist eine kontrollierte Lähmung, der Körper erfüllt seine Funktionen weiter. Es ist Ihnen gelungen, körperliches und willentliches Bewusstsein zu dissoziieren, so dass beide, ohne einander zu hemmen, effektiv operieren können. Mit Training wird es Ihnen immer besser und zuverlässiger gelingen, Ihre Körperkontrolle zurückzuerlangen, auch wenn manchmal etwas Willenskraft dafür erforderlich ist.

- Beobachten Sie sich nach den Meditationen sehr genau! Achten Sie darauf, dass Ihre Welt wieder manifest wird. Ein etwaiger Zwischenzustand kann recht unangenehme Nebenwirkungen haben, also: Nehmen Sie ordentlich zurück.
- Bleiben Sie ruhig, passen Sie sich an die neue Situation an!
- Bleiben Sie sachlich, analysieren Sie Ihre Gefühle!

Entspannung motiviert neues Verhalten!

Verhaltensreflexe

Wenn Sie sich entspannen, funktionieren die Verhaltensreflexe nicht mehr wie gewohnt. So kann es vorkommen, dass Sie nach einer Meditation verwirrt sind und plötzlich in Situationen, für die Sie sonst ein ganz klares Verhaltensschema parat haben, einfach nicht mehr wissen, was Sie tun sollen.

Blocker

Oft greift man dann zu recht abwegigen Alternativverhaltensweisen, da einem ad hoc nichts besseres einfällt. Das sind „Blocker": Unüberlegte Substitute für bewusst gewählte Verhaltensweisen in neuen und ungewohnten Entspannungszuständen. Sie verhindern die Etablierung des neu gewonnenen Entspannungsniveaus, indem Sie die bewusste Entwicklung passender neuer Verhaltensweisen unterbinden. Mit Blockern muss jeder rechnen, der meditiert und sich neue Entspannungsniveaus erarbeitet. Keiner ist vor ihnen gefeit.

„Blocker" sind unüberlegte und unpassende Ersatzverhaltensweisen, die Sie in Sekundenschnelle generieren, wenn Ihnen gewohnte Verhaltensreflexe durch Entspannung genommen sind!

Indikatoren für Blocker sind:

- Müdigkeit (unnatürliche!)
- Aufregung
- Mystische Schwärmerei
- Angstgefühle
- Wut
- Trauer
- Kopf-, Glieder- oder Muskelschmerzen
- Bedürfnis nach Ablenkungen wie Fernsehen oder Alkohol
- usw.

Wenn Sie solche Indikatoren bemerken, tun Sie einfach das Gegenteil.

Gegenmaßnahmen:

- Sind Sie also müde, dann treiben Sie Sport.
- Sind Sie aufgeregt, dann setzen Sie sich in eine Ecke und atmen tief und ruhig.
- Schwärmen Sie mystisch über kabbalistische Rätsel oder Gotteserfahrungen, dann lesen Sie in einem Buch über Mathematik oder lösen Sie Denksportaufgaben.
- Haben Sie Angst, dann machen Sie Yoga oder Bioenergetik.
- Sind Sie wütend, dann atmen Sie ruhig und lesen Sie ein Gedicht.
- Sind Sie traurig, dann lachen Sie laut, solange bis die Trauer vorübergeht.
- Haben Sie Schmerzen, dann gehen Sie spazieren.
- Haben Sie Ablenkungsbedürfnisse, dann heben Sie sich diese als Belohnung auf und tun Sie erst etwas Produktives, z.B. in einem wissenschaftlichen Buch lesen, Handwerken, Putzen, sich sportlich betätigen, Meditieren, ...

Je öfter, desto besser

Wir wissen, wie schwierig es manchmal sein kann, diesen Anweisungen zu folgen. Es wird Ihnen aber leichter fallen, je öfter Sie es tun, und Sie werden sich schneller über Ihre Erfolge freuen können! Trainieren Sie Ihre Fähigkeit Blocker auszuschalten auch im Alltag – auf der Arbeit oder wo Sie sonst gerade sind. Trainieren Sie Selbstbeherrschung im eigentlichen Sinne: positiv, zielbewusst und lebensfroh! Unterdrücken

Sie sich nicht, unterwerfen Sie sich keinem „Ich muss". Machen Sie sich klar, was das Vernünftigste ist, das Sie tun können, und tun Sie es einfach. Und wenn es Ihnen schwer fällt, zu dieser Einsicht zu gelangen ... dann nehmen Sie sich einfach selbst bei der Hand – wie ein kleines Kind – und zeigen Sie sich den richtigen Weg.

2.2.4. Ekstase

Ekstase ist ein Begleitphänomen der Meditation. Sie kann indikatorisch für die Tiefe der Entspannung und der Konzentration sein. Sie „kann" es sein, sagen wir, denn leider hat Ekstase auch eine Kehrseite: Wenn Sie sie unangemessen handhaben, verstärken Sie Verspannungen, bringen gar neue hervor, und reduzieren, stören, unterbrechen Ihre Konzentration. Hoffen wir also, dass Sie es schaffen, Ekstase angemessen zu handhaben, dann nämlich motiviert sie Sie und unterstützt Sie dabei, Ihre Entspannung und Konzentration zu vertiefen. Ekstase ist nicht das Ziel der Meditation, wäre es so, würden Sie die Meditation beim Erreichen von Ekstase beenden, was unsinnig wäre, denn: Meditation ist das Ziel der Meditation!

Konzentration als Regulativ

Konzentration ist Ihr Steuer. Lassen Sie es sich nicht aus der Hand nehmen. Manche Ekstasephänomene sind so intensiv, dass sie leicht zu heftigen Störungen mutieren. Andererseits spricht aber überhaupt nichts dagegen, von positiven Empfindungen in der Meditation zu profitieren. Bei der Meditation geht es darum zu lernen, seine Gedanken – und das schließt Empfindungen und Gefühle mit ein – willentlich hervorbringen zu können. Sie müssen entscheiden, welche wann für Sie förderlich sind. Wenn Sie manchmal in der Meditation dazu neigen, sich zu verkrampfen, sobald Sie versuchen, sich besser zu konzentrieren, dann lassen Sie sich ruhig etwas treiben. Stellen Sie aber fest, dass Sie immer häufiger von Konzentration abweichen, um neue Phänomene zu bemerken, dann ist etwas faul! Machen Sie sich klar, dass genau das zur Reduktion von Entspannung und Konzentration führt und damit auch von Ekstase. Hören Sie auf sich Ekstase einzubilden, gehen Sie zurück auf Konzentration. Konzentrieren Sie sich, entspannen Sie sich und erleben Sie echte Ekstase!

„Ekstase" bedeutet: Sie interpretieren Entspannung!

Interpretieren?

Ein Beispiel: Vor einem Maler steht sein Modell – ein junger Mann. Der Maler malt nach dem jungen Mann sein Bild, er stellt einen Prototyp her. Dieser Prototyp ist für den Maler eine Interpretation des Gesehenen. Ein weiteres Beispiel: Wenn Sie eine Modezeitung aufschlagen und dort ein Kleidungsstück sehen, das Ihnen gefällt, wird es für Sie zum Modell, wenn Sie losgehen und sich ein entsprechendes Kleidungsstück kaufen, um es dann zu tragen – Sie haben Ihren jeweiligen Prototyp interpretiert. Oder: Denken Sie jetzt bitte an einen Hund! ... In Sekundenschnelle haben Sie in Ihren Erinnerungen gekramt und einen Hund hervorgeholt. Modell war hier vielleicht der Hund des Nachbarn, Prototyp war der aktuale Hund, den Sie in Ihrer Vorstellung interpretiert haben. So etwas tun Sie dauernd! „Tasse", „Kaffee", „Haus", „Geliebte", „Schmuck" ... was auch immer. Wenn Sie sich in Ihrer Meditation entspannen, erleben Sie eine Unmenge von Empfindungen. Diese Empfindungen sind Ihre Interpretation von Entspannung. Ekstase entsteht, wenn es Ihrem Bewusstsein gelingt, dieser Interpretation eine homogene und ästhetische Form zu verleihen. Je mehr Empfindungen auf solche Weise zur Einheit gebracht werden können, desto intensiver wird die Ekstase. Die Grade der Intensität von Ekstase lassen sich abstrakt in Form eines Stufenmodells beschreiben, welches Sie mit Ihren Prototypen vergleichen können.

Die 5 Stufen der Ekstase:

Sollten Ihnen in den folgenden Beschreibungen einige Formulierungen seltsam vorkommen: Wir versuchen, der auf diesen Stufen der Meditation veränderten Wahrnehmung sprachlich gerecht zu werden. Gewöhnliche Raum-, Zeit-, Struktur- und Ordnungsvorstellungen funktionieren hier nicht mehr – wenn Sie es selbst erleben, werden Sie noch besser nachvollziehen können, was wir meinen.

Stufe 1:

Wonne

Schauer durchlaufen den Körper. Oft werden sie anfangs nur in einzelnen Muskelsträngen oder auf der Haut wahrgenommen, nach und nach erfassen sie den gesamten Körper. Es kann vorkommen, dass diese Schauer als schmerzhaft, ziehend, sehr kalt oder auf eine ähnliche, eher als unangenehme empfundene Weise, interpretiert werden ... die Interpretation wird sich wandeln und bald breitet sich Wonne über alle Repräsentationssysteme aus. Folgende weitere Phänomene können so oder ähnlich auftreten: Lichtfunken (Schnee) mit Unendlichkeitsblick vor den Augen und/oder auch im Körper, Rauschen, kühler Wind

(durch den Körper), kribblige Zunge, frischer blumiger oder auch ver-
brannter, harziger Geruch (durch den Körper).

Stufe 2:

Blitz

Eher visuell (meist die beginnende Entwicklung): Grelle, klare und
deutliche Lichtblitze vor den Augen — erst noch vereinzelt. Nach und
nach werden die Blitze heller, länger und größer. Es kann auch zu einem oder (mit Pausen) mehreren sehr (!) starken Blitzen kommen,
häufig in Verbindung mit lautem Knallen, das nicht nur gehört, sondern auch gefühlt wird. Am Ende leuchtet das Ajna (das dritte Auge)
entweder flächig grell oder punktuell grell, lange und deutlich. Eher
kinästhetisch (meist die später folgende Entwicklung): Ein orgasmus-
artiger Blitz rast von unten nach oben oder von oben nach unten durch
den gesamten Körper. Die Empfindung wird mit zunehmender Ekstase
stärker, bis sich langsam ein leuchtend heller Orgasmus, der in gewisser
Weise als selbstständiges Etwas wahrgenommen wird, das bis zur Dicke
des ganzen Körpers anwachsen kann, von den Füßen bis zum Sahasrara
durchschiebt (dem Chakra[29] oberhalb des Scheitels) und dann vergeht,

---

29) Das Wort „Chakra" wurde in Indien geprägt. Die Chakren werden als sog. Energiezentren des
Körpers aufgefasst. Man kann sie in der Aura eines Menschen sehen, oder, wenn man weiß, worauf
man achten muss, mit ganz normalen Sinnen wahrnehmen. Ob es Chakren biologisch, physikalisch
etc. ‚gibt', ist irrelevant. Die meisten Menschen, die meditieren und Ekstasephänome erleben, stellen
fest, dass einige ‚Körperbereiche' ganz besonders auf Ekstase reagieren und in der Ekstaseentwicklung
eine besondere Rolle spielen. Ekstase scheint sie zu durchströmen, sich in ihnen zu sammeln. Das
Ekstaseempfinden ist in diesen Bereichen differenzierter und konzentrierter als in anderen Bereichen
des Körpers. Die Positionen besagter Bereiche decken sich mit den von den Indern angegebenen
Positionen der Chakren. Aus diesem Grunde verwenden wir das Chakra-Konzept zur Orientierung.
Die Chakren heißen und befinden sich: Muladhara – am Steiß; Svadisthana – im unteren Bauch, in
der Nähe der Geschlechtsorgane; Manipura – ein wenig unterhalb des Bauchnabels; Anahata – am

bis der nächste kommt – gewöhnlich begleitet von kontinuierlichem Leuchten vor den Augen. Solche Ekstasen können geraume Zeit andauern, 15 Minuten und mehr sind nichts Ungewöhnliches. Mögliches olfaktorisches Begleitphänomen: Versengter Geruch. Mögliche auditive Begleitphänomene: lautes Klingeln, Dröhnen, Knacken.

Stufe 3:

Strömen

Wie der Blitz, doch langsamer, ziehend, anfangs in Form von Wellen. Kaum ist die eine Welle vergangen, folgt die nächste. Es bilden sich kleine sprudelnde Perlen. Sie steigen von den Füßen aus auf, durch die Beine hindurch, zuerst bis ins Muladhara hinauf (das Chakra am Steiß).[30] Dort sammeln sie sich. Vom Muladhara aus drängen und treiben die Perlen oder Blasen in Form eines sich nach oben hin weitenden Trichters bis hoch zum Sahasrara, um dort ‚aus dem Körper herauszusprühen‘, immer weiter nach oben hinaus. Was zuerst vielleicht schubweise geschah, entwickelt sich mehr und mehr zu einem Pulsieren und geht letztlich in kontinuierliches Strömen über. Konsistenz und Form der ‚Perlen‘ ändern sich im Verlaufe des Phänomens, sie können sich zu einer Einheit formen, ähnlich einem Fluss. Die einzelnen Perlen oder Blasen werden wie kleine Orgasmen in einem stärkeren Orgasmus empfunden, unaufhaltsam strömen sie nach oben und werden auch über den Kopf hinaus noch gefühlt. Die übrige Körperempfindung tritt immer weiter in den Hintergrund, kann gänzlich verschwinden.

Herzen, in der Nähe des Solar Plexus; Visuddha - im Hals, in der Nähe des Kehlkopfs; Ajna – Stirnmitte, etwas in Richtung zwischen den Augenbrauen; Sahasrara – über dem Scheitel.

30) Manchmal auch das Svadisthana bereits miterfassend.

Viele beschreiben ihr Erleben von Ekstasestufe 3 mit „Wasserströme, die durch den Körper fließen" ... aber das wird der Intensität, der Unabänderlichkeit, der Manifestheit, ja manchmal gar Härte des Phänomens nicht gerecht. Olfaktorisches Begleitempfinden: Frisch wie nach einem Frühlingsregen, manchmal aber auch eher wie nach einem Gewitter, das von der sommerlichen Hitze erlöst. Auditives Begleitempfinden: Intensives lautes Rauschen und Dröhnen, Klingeln, nicht mehr nur in den Ohren, sondern auf allen Repräsentationssystemen (Synästhesie) und darüber hinaus. Mögliche weitere prägnante visuelle Eindrücke: Die einzelnen Blasen leuchten. Das Muladhara leuchtet hell, der Trichterstrom etwas weniger hell. Das Ajna kann permanent strahlen.

Stufe 4:
Erheben

Die Blasen des Strömens verschwinden. Die Körperempfindung wird leicht, der Körper beginnt, subjektiv (manchmal sogar objektiv) sanft, aber dennoch intensiv zu leuchten. Ein kühler Wind erfasst den Körper ... er scheint aus diesem Wind zu bestehen und beginnt nach oben zu streben, er schwebt. Auch der physikalische Körper kann vom Boden abheben. Die Geschwindigkeit des ‚Schwebens' variiert bis hin zu einem ‚Rasen'. Endzustand ist ein als äußerst angenehm und unbeschwert empfundenes Schweben, das immer wieder leicht nach oben strebt. Sie werden feststellen, dass ein direkter Zusammenhang zwischen der Art Ihrer Konzentration auf Ihr MO und der Beschaffenheit dieses Schwebens besteht ... Vor der kühlen Windphase treten häufig energisch heiße, ganzkörperlich von unten nach oben ziehende Schmerzen auf, als verbrenne der Körper, als würde er im heißesten Wüstenwind versengt.

Man kann sich fühlen, als bestünde sein Körper aus heißem Sand, der gegeneinander gerieben wird – als würde der eigene Körper zerrieben ... aufgerieben. Mit der Phase des kühlen Windes dann wird die Konzentration erheblich besser, das „Nach-oben-Streben" wird mühelos, locker, freudvoll. Oft hat man den Eindruck, vor dem Ajna oder am Sahasrara etwas ‚wahrzunehmen', das noch unbekannt ist, aber unbedingt erstrebenswert ... das MO wird automatisch zum Erstrebenswertesten dieses Augenblicks. Mögliche auditive Begleitempfindungen: Windgeräusche, Fiepen. Mögliche olfaktorische Begleitempfindungen: Verbranntes Holz, Schnee.

Stufe 5:
Glück

Alle Empfindungen hören auf. Alle Geräusche hören auf. Alles Visuelle hört auf. Was verbleibt, ist einfach Klarheit und Gewissheit. Es wird nicht beschrieben, es wird nicht gehört, es wird nicht gefühlt, ... Diese Ekstase ist ohne Zeit und ohne Raum. Sie ist das, was die Mystiker als Samadhi bezeichnen.

Meditative Ekstase geht weit über das gewöhnliche sexuelle Lustempfinden hinaus!

Ergänzende Anmerkungen

Noch einige ergänzende Anmerkungen, die Ihnen im Verlauf Ihrer Ekstaseentwicklung zugute kommen werden:

- Es kann durchaus passieren, dass Sie Ekstase external zuordnen: Sie hören zum Beispiel lautes Knacken im Raum oder plötzlich fallen aus scheinbar unerklärlichem Grund Bücher aus dem Regal ... So mancher versucht, sich solche Phänomene dann mit Geistern zu erklären ... Blödsinn![31] Meditieren Sie weiter, konzentrieren Sie sich und die Seltsamkeiten werden verschwinden. Derartige Phänomene treten häufig im Laufe der Entwicklung der Ekstasestufe Blitz auf. Passieren Sie Ihnen, sagen Sie Ihnen also, wo Sie stehen ... das reicht – nicht ablenken lassen, weitermachen.

- Es ist möglich, dass Sie levitieren. Sie werden das selber nicht im Akt bemerken, sondern eher im Nachhinein: Wenn Sie zum Beispiel nach Ihrer Meditation feststellen, dass Sie jetzt definitiv an einer ganz anderen Stelle im Raum sitzen, als es jene war, an der Sie saßen, als Sie Ihre Meditation begonnen haben. So etwas korrespondiert zur Ekstasestufe Erheben. Schenken Sie dem Ganzen keine übermäßige Aufmerksamkeit, es gibt sich wieder.[32]

---

31) Ohne die Vorstellung alternativer Existenzebenen einfach ablehnen wollen, gilt hier erst einmal Folgendes: Sie sind derjenige, der meditiert. Sie sind derjenige, der wahrnimmt. Sie sind derjenige, der Entspannung interpretiert. Wie Sie dies tun, ob Sie es internal (im Körper) oder external (im Raum) zuordnen, hat etwas mit Ihren persönlichen Vorlieben zu tun. Ob Sie Ihre Zuordnungen richtig oder falsch finden, entscheiden Sie. Kommen Sie jedoch auf die Idee, sich dafür zu begeistern und das ganz toll zu finden, wenn es grundlos im Raum knackt oder während Ihrer Meditation ähnliche, scheinbar unerklärliche Dinge geschehen, dann sollte Ihnen klar werden, dass Sie gerade den Pfad der Meditation verlassen haben und schlicht nur auf Phänomene aus sind.

32) Ein ähnliches Phänomen kann auch beim Blitz auftreten. Allerdings handelt es sich hier dann nicht um Levitation im eigentlichen Sinne, sondern um ein ruckhaftes Hüpfen oder Springen, das durch Muskelreflexe verursacht wird und zu Positionsveränderungen führen kann. Verletzungen durch dieses Phänomen oder durch Levitation sind uns nicht bekannt.

- Ein weiteres Begleitphänomen von Ekstase ist das sogenannte „Aufsteigen der Kundalini". Viel ist darüber geschrieben worden, von Vielen wird es hoch gelobt und die geheimnisvollsten Geschichten ranken sich darum. Eine eher einfache und pragmatische Erklärung von „Kundalini" läuft in folgende Richtung: Je besser Ihre Konzentration und je tiefer Ihre Entspannung, desto mehr kann Ihr Körper sich, unbeeinträchtigt durch Ratio oder psychische Macken, um sich selbst kümmern. Mit tieferer Entspannung gelingt es Ihnen immer besser, sich zu konzentrieren – alle Aufmerksamkeit, die Sie bisher irgendwelchen Zippelchen widmen mussten, können Sie jetzt in Ihr MO stecken. Mit jeder konzentrierten Meditation wächst Ihre Fähigkeit, noch konzentrierter und entspannter zu meditieren. Wenn Sie nun Ihren Körper wahrnehmen, wird das immer reiner geschehen, immer unbeeinträchtigter von eher nebensächlichen Interpretationen, immer stärker auf die wesentlichen, für das Normalbewusstsein jedoch eher sublimen körperlichen Prozesse fokussiert. Das die sublimen und autonomen körperlichen Prozesse regulierende vegetative Nervensystem hat seine ‚Schaltzentrale' in der Wirbelsäule. Wen wundert es jetzt noch, dass mit Verfeinerung der körperlichen Wahrnehmung sich auch die Wahrnehmung dieser ‚Schaltzentrale' und der in ihr ablaufenden Prozesse verfeinert. Viele Menschen konzeptualisieren den Vorgang als „eine dicke Schlange, die sich Stück für Stück oder auch blitzartig in der Wirbelsäule nach oben schiebt". Hiermit können sehr ekstatische, aber auch sehr schmerzhafte Empfindungen verbunden sein – mal wieder eine Sache der Interpretation. Und es geht eine körperliche Erholung, gar Gesundung und Bewusstseinsveränderung mit dem Phänomen einher. Diese Entwicklung insgesamt bezeichnen wir mit „Kundalini". Sollten Sie Ihre Kundalini spüren, meditieren Sie wie gewohnt weiter. Das wird die Entwicklung verstärken und erleichtern.[33]

Kundalini ist ein Begleitphänomen von Ekstase!

• Haben Sie während Ihrer Meditation Schmerzen, erinnern Sie sich, dass Schmerzen nur eine andere Art sind, Entspannung zu interpretieren. Schmerzen in der Meditation signalisieren gewöhnlich kein reales Verletzungsrisiko, sondern sind eine automatisierte Vermeidungsreaktion gegenüber neuen, ungewohnten und beängstigenden körperlichen und geistigen Entwicklungen. Sie sollen Sie schützen, können aber nicht beurtei-

---

33) Kompliziertere, vielleicht gar mystische oder religiöse Kundalini-Modelle sind sicherlich nicht uninteressant, in Hinblick auf die Entwicklung Ihrer meditativen Fähigkeiten jedoch werden Sie mit unserem pragmatischen Ansatz erstmal besser fahren. Sollten Sie die beginnende Entwicklung der Kundalini an sich beobachten, kann es sinnvoll für Sie sein, Kontakt zu Menschen zu suchen, die erfolgreiche Erfahrung (!) mit Meditation und Kundalini-Entwicklung haben. Denn die Entwicklung der Kundalini setzt recht drastische körperliche und geistige Veränderungen in Gang, die sich durchaus problematisch entwickeln können, und es mag wichtig für Sie werden, regelmäßigen Umgang mit klugen, klaren und gesunden Menschen zu pflegen, die in der Lage dazu sind, Ihnen durch passende alternative Sichtweisen zur Seite zu stehen und zu helfen. Achten Sie darauf, dass Sie nicht an Kundalini-Spinner geraten – denn das würde Ihnen mehr schaden als nützen. Suchen Sie sich Menschen, mit denen Sie vernünftig reden können, die Ihre Ansichten zu Meditation teilen und mit denen Sie ggf. gemeinsam meditieren können. Sollten Sie keine geeigneten Menschen finden, ist es besser, auf sich allein gestellt zu bleiben. Setzen Sie Konzentrationsmeditationen ein, dann bekommen Sie auch eventuelle Schwierigkeiten in den Griff.

len wovor. Als Schutzmechanismen sind sie direkter Ausdruck Ihres Überlebenswillens und insofern über Reframing in Ekstase Ihr direkter Zugang zu ihm!

Eingebildete Ekstase ...?

Wenn die ersten starken Entspannungsphänomene auftreten, freut man sich sehr. Je häufiger sie werden, desto mehr wünscht man sie sich, desto weniger möchte man, dass sie aufhören. In diesem Wunsch aber liegt das Risiko verborgen, sich Entspannung und Ekstase einfach nur vorzustellen, ohne sie tatsächlich körperlich umzusetzen – sich Scheinekstase einzubilden, um sich von momentan eher unangenehm wirkenden Aspekten der Meditation abzulenken. Eingebildete Ekstase kann zu Verkrampfung und nur schwer reversibler weiterer Verhärtung bestehender Verspannungsstrukturen führen. Konzentration ist der Schlüssel, nicht Tagträumen.

Mangels Konzentration stark interpretiert

Wenn Sie sich mehr schlecht als recht konzentrieren, springt Ihnen jedes Phänomen sofort ins Auge, und Sie neigen sehr leicht dazu, es als etwas ganz Besonderes, Tolles und Ungewöhnliches zu interpretieren. So kann eine Ekstase, die aus dem Blickwinkel Konzentrationsmeditation angemessen als *Wonne* beschrieben würde, aus dem Blickwinkel ‚Phänomenmeditation' sehr schnell zu eingebildetem *Erheben* werden.

Gesunder Zweifel

Beurteilen Sie Ihre Phänomene immer am Maß Ihrer jeweiligen Konzentration. Zweifeln Sie lieber einmal mehr an der ‚Echtheit Ihrer Gefühle'.

126

Ekstase auf allen Sinnen

Echte Ekstase und Entspannung finden immer auf allen Repräsentationssystemen statt. Sie können gesehen, gefühlt, gerochen, geschmeckt und gehört werden. Findet eine dieser Repräsentation nicht statt und ist auch nicht möglich, haben Sie die entsprechende Stufe noch nicht voll etabliert.

Begleitendes Denktraining, um Ekstase zu steigern und zu vertiefen

Ekstase allein nach den von uns gelieferten Begriffen beschreiben zu können, ist kein Erfahren von Ekstase, sondern einfach nur ein Nachkonstruieren. Unsere Begriffe liefern Ihnen eine Orientierung, Sie müssen die Orientierung in tatsächliches Erleben umsetzen. Wenn Sie nur das erleben, was wir an Ekstasephänomenen beschrieben haben, ist es sehr wahrscheinlich, dass Sie sich noch in der Phase der Nachkonstruktion befinden. Wenn Sie Dinge erleben, die zu unseren Beschreibungen konsistent sind, aber nicht allein aus ihnen hervorgegangen sein können, haben Sie begonnen, Ihr tatsächliches und eigenständiges Erleben zu erschaffen. Um Neues erfahren zu können, müssen wir uns die geistigen Kapazitäten erarbeiten, die es uns ermöglichen, das Neue in unserem Bewusstsein zu verorten — man kann nicht „sehen, was man nicht begreift". Steigern Sie also durch Denktraining Ihre Kapazitäten, neue meditative Phänomene zu erfahren.

Einige Anregungen

- Ihr Denken ändert sich:
  - Menschen denken normalerweise in Unterscheidungen wie: Innen/Außen, Oben/Unten, Ich/Andere, Psyche/Ma-

terie usw. Ekstase führt dazu, dass solche Unterscheidungen aufgegeben werden müssen – zumindest für die Zeit der Meditation. Wer das unterlässt, wird über Nachkonstruktion und Beschreibungswissen nicht hinauskommen.

- Sie brauchen neue Denkmodelle.
  - Es gibt Ekstasephänomene, insbesondere ab Ekstasestufe 3, die mit alltäglichen Begriffen und Konzepten, wenn überhaupt, dann nur sehr schwer beschreibbar sind. Beschäftigen Sie sich mit Konstruktivismus und Systemtheorie. Das wird helfen. Beachten Sie aber stets, dass es nichts bringt, die Beschreibung einer Ekstase abzuliefern und dann zu denken, Sie hätten sie dadurch erfasst. Der Versuch der Kategorisierung bringt das Risiko der Prädetermination mit sich: Er kann bei zu stringenter Handhabung verhindern, dass Neues erfahren wird. Anfänglich ist es nützlich und erforderlich, ein Stufenmodell für Ekstase zu verwenden, um überhaupt begreifen zu können, worum es geht. Später jedoch werden Sie feststellen, dass eine fixe Beschreibung von Ekstase Sie daran hindern kann, Ekstase zu entwickeln. Wenn Sie denken: „Soundso muss es laufen", fahren Sie sich fest. Neuartiges fällt aus dem Raster und kann nicht wahrgenommen werden. Wenn auch unbeabsichtigt, verhindern Sie auf diese Weise dennoch subtil Ihren eigenen Fortschritt.
- Liefern Sie Beschreibungen von Meditationsphänomenen stets in dem Bewusstsein, dass die Beschreibung eines Meditationsphänomens immer nur eine Beschreibung dieses Phänomens im Kontext der jeweiligen Meditation, in der es auftrat,

ist und dass der Ablauf in der nächsten Meditation keineswegs exakt entsprechend sein muss!

2.2.5. Zusammenhänge von Entspannung, Konzentration und Ekstase

Damit Sie stets möglichst schnell, konkret und leicht feststellen können, an welchem Punkt Ihrer meditativen Entwicklung Sie sich, dem von uns vorgeschlagenen Modell entsprechend, befinden, haben wir die Entspannungs-, Konzentrations- und Ekstasestufen einander zugeordnet: Auf welcher Konzentrationsstufe können Sie erwartungsgemäß welches Entspannungsniveau erreichen? Auf welchen Entspannungs- und Konzentrationsstufen können erwartungsgemäß welche Ekstasephänomene ausgeformt und kontrollierbar auftreten?

Spontanphänomene

Es kann passieren, dass Entspannungs- und Ekstasephänomene höherer Stufen spontan auftreten, obwohl Sie die korrespondierende Konzentrations- bzw. Entspannungsstufe noch gar nicht stabil erreicht haben – d.h. sie noch nicht intentional und bewusst durch Meditation hervorbringen können. Vielleicht finden Sie solche Spontanphänomene angenehm, möglicherweise motivieren sie Sie dazu, noch intensiver und ausgeglichener zu meditieren ... Leider kann aber auch etwas ganz anderes passieren: Sie sind noch nicht in der Lage dazu, derartige Phänomene zu verarbeiten und empfinden Angst, Schmerz, Wut, geraten in Verwirrung oder bekommen gar Depressionen ... Dann lockern Sie sich und steigern Sie Ihre Konzentration. Das Ziel besteht nicht darin, erratisch bewusstseinsverändernde Phänomene zu produzieren ... ganz bestimmt nicht ... nein, Ihr Ziel ist es: mit Meditation willentlich, intentional und insofern kontrolliert bestimmte erwünschte Grade von Entspannung und Ekstase erfahren und hervorzubringen zu können. Konzentration ist der Schlüssel dazu! In dieser Hinsicht beschreibt Ihnen die folgende Zuordnung auch unsere Einschätzung dessen, auf welcher Konzentrationsstufe Sie fähig sein werden, welche Entspannungs- und Ekstasephänomene stabil zu verarbeiten.

Jetzt aber nicht überbesorgt sein: Wir wollen Sie nicht das Fürchten vor Meditationsphänomenen lehren, unser Interesse besteht vielmehr darin, Sie auf unerwartete Effekte vorzubereiten, damit Sie besser mit ihnen umgehen können.

Lockerung: Aufmerksamkeitsstufe 1-2
Lösung: Aufmerksamkeitsstufe 3
Diamant: Konzentrationsstufe 3
Leichtigkeit: Bewusstheit

Wonne: Lockerung
Blitz: Übergang von Lockerung zu Lösung, Konzentrationsstufe 1
Strömen: Diamant, Konzentrationsstufe 3
Erheben: Leichtigkeit, Bewusstheit
Glück: Leichtigkeit, Spontaneität.

Ein möglicher Entwicklungsverlauf:

Die ersten drei Jahre

Vielen Menschen hilft es, um in der Gegenwart effektiver handeln zu können, sich eine klare Vorstellung ihrer zukünftigen Entwicklung zu machen. Sollten Sie auch zu diesen Menschen zählen, werden Sie sich

freuen, denn nun folgt eine kurze Skizze des möglichen Entwicklungs-
verlaufs Ihrer Fortschritte in der Meditation innerhalb der ersten drei
Jahre. Wie gehabt, setzen wir ein Pensum von durchschnittlich drei
Stunden pro Tag an:

Anfängerphase

Das erste Jahr ist die „Anfängerphase". Es geht darum, Asana zu lernen.

Das erste Jahr dient der Vervollkommnung des Asana!

Die Vervollkommnung Ihres Asana wird Ihnen helfen, Kontrolle über
Ihren Körper zu erlangen, oder besser gesagt, sich mit ihm zu arrangie-
ren: Er stört Sie nicht mehr. Natürlich werden Sie nicht einfach nur
Asana sitzen, sondern im Asana meditieren. Vielleicht ist es ganz zu
Anfang auch eher ein Versuchen, aber das wird schon noch.
Folgende Konzentrations-, Entspannungs- und Ekstasestufen können
Sie im Laufe des ersten Jahres erreichen:

- Aufmerksamkeitsstufe 3 stabil. Eine Entspannungsentwicklung
  bis hin zu den ‚Anfängen des Diamanten' ist möglich – die
  Ausformung des Diamanten bereits im ersten Jahr zu schaffen,
  ist sehr unwahrscheinlich, denn dazu brauchen Sie Konzentrationsstufe 3 stabil, woran Sie wohl noch ein weiteres Jährchen
  arbeiten werden. In Sachen Ekstase ist Wonne stabil möglich
  und das erste Auftreten des Blitzes.

Um jetzt weiter zu kommen, werden Sie gut daran tun, Ihr Augenmerk darauf zu legen, dass Sie als Nächstes unbedingt den Übergang von Aufmerksamkeit zu Konzentration hinbekommen.

Fortgeschrittenenphase 1

Im zweiten Jahr können Sie:

- die Anfänge von Strömen, stabil Konzentrationsstufe 2 und vielleicht sogar auch noch den Diamanten vollständig erreichen.

Stellen Sie sich darauf ein, dass gerade in dieser Phase Ihre Erfolge immer mal wieder ins Schwanken geraten. Vielleicht denken Sie, Sie machen Rückschritte, vielleicht fühlen Sie sich, als hätte sich eine gewisse Trockenheit eingestellt. Das sind Kennzeichen einer grundlegenden psychischen Umwandlung, Sie durchlaufen einen gedanklichen Reinigungsprozess und während dessen kann Ihnen Ihre neugewonnene aber ungewohnte Klarheit manchmal trist oder gar sinnlos erscheinen. Nehmen Sie Ihre Entwicklung ‚wie Sie kommt' und vertiefen Sie Ihre Ergebnisse, ohne zu versuchen Fortschritte zu forcieren. Lernen Sie, in der Gegenwart (!) zu leben, dass wird Sie ganz von selbst weiterbringen.

Fortgeschrittenenphase 2

Im dritten Jahr erreichen Sie:

- Erheben, Bewusstheit und Leichtigkeit.

3. Wirkungen und Ziele

Was soll Meditation bringen? Was haben Sie im Alltag davon? Wie kann Meditation der Weiterentwicklung nützen? ... Darauf wollen wir nun genauer eingehen.

Meditation

3.1. Wirkungen der Meditation

Wenn Sie regelmäßig meditieren, werden Sie sich verändern ... Sie werden ein anderer Mensch, und auch das will gekonnt sein: Es erfordert, sich selbst erforschen zu wollen, sich selbst mit anderen Augen sehen zu können und fähig dazu zu sein, sich seinem neuen Verhalten funktional anzupassen. Mit einer Vorstellung dessen, was Sie erwartet, wird Ihnen das leichter fallen. Sie können Ihre Selbstveränderung positiv bestärken, ohne mit sich selbst in Konflikt zu geraten. Aus dieser Sicht nun also einige Erläuterungen zu Wirkungen der Meditation.

3.1.1. Konzentrationsfähigkeit

Lernen

Als erste und vielleicht wichtigste Wirkung Ihrer regelmäßigen Meditationspraxis werden Sie bemerken, dass sich Ihre Konzentrationsfähigkeit nicht nur in der Meditation, sondern auch im Alltag zunehmend verbessert: Sie lernen schneller, Sie können Informationen unvoreingenommener aufnehmen und infolgedessen neue Informationen leichter assoziieren und deshalb mehr neue Informationen schneller integrieren. Sie werden Gesprächen, Vorträgen, Diskussionen länger und intensiver folgen können. Und Sie werden den Drang verspüren, immer mehr dazu zu lernen! ... Wen wundert's, genau das ist es ja, was Sie in der Meditation abstrakt trainieren: konzentriert und detailliert wahrzunehmen, zu erkennen und neu zu erkennen. Unterstützen Sie diese Entwicklung! Füttern Sie Ihren Geist mit allem Nützlichen, das Sie bekommen können. Wenn Sie früher die Angewohnheit hatten, des

Abends müde vor dem Fernseher zu sitzen oder auf andere Art vor sich hin zu dösen, dann lesen Sie jetzt ein Buch über Wissenschaftstheorie oder über Schach oder über Geometrie oder über Ethik ... oder malen Sie, schreiben Sie, musizieren Sie ... seien Sie kreativ und lernen Sie, sich und die Welt neu zu erfahren und neu zu beschreiben.

Der Meditierende ist viel aufmerksamer als der nicht Meditierende!

Denkfähigkeit trainieren

Es ist wirklich wichtig, unterstützend zur Meditation die eigene Denkfähigkeit zu trainieren. Unterlassen Sie das, werden Sie in der Meditation eines Tages nicht mehr vorwärtskommen: Um die vielen ungewohnten Phänomene, die auf zunehmend höherem meditativen Niveau auftreten, effektiv verarbeiten zu können, müssen Sie Ihre Fähigkeit, rationale Modelle zu konstruieren, ausbauen.[34] Um Sie hierin

---

34) Einige Menschen neigen dazu, Meditationsphänomene mittels Astralglauben, Gottglauben, Reinkarnationsmystifizismus etc. zu schubladisieren. Nicht dass die zu Grunde liegenden Ansätze per se falsch sein müssen ... das ist nicht das Problem, das Problem bei derartigem Verfahren liegt viel mehr im Schubladisieren: Unser Erkennen, unsere Erfahrungswirklichkeit, wir selbst sind in stetigem Fluss, wir können ihn nicht stauen, bestenfalls können wir ihn orientieren, aber um dies zu tun, müssen wir zuerst erkennen, wie er beschaffen ist und wohin er sich aus zu fließen tendiert. Was hilft, ist die Fähigkeit, unterschiedliche Erklärungs- und Lebensmodelle parallel prozessieren zu können und dabei kritisch und selbstkritisch zu bleiben. Wenn Sie plötzlich glauben unsterblich zu sein, ist das lediglich dem Wunsch entsprungen, mit allem ungeschoren davonkommen zu können. Wenn Sie wissen, dass Sie leben und lernen müssen, um weiterzuleben, erwächst daraus die Gewissheit darüber, was als nächstes zu tun ist.

zu unterstützen, haben wir im Anhang unserer Ansicht nach relevante Grundlagenliteratur zu diesem Thema für Sie zusammengestellt.

Ihre steigende Konzentrationsfähigkeit wird zwar von großem persönlichem Nutzen für Sie sein, aber sie wird auch soziale Anforderungen an Sie stellen: Sie werden feststellen, dass Sie wach sind, wenn Andere müde werden, dass Sie sich für Neues interessieren, während Andere lieber beim Alten bleiben, dass Sie begreifen, wo andere schon längst aufgehört haben zu versuchen zu verstehen. Sie werden feststellen, dass Andere sich für Dinge interessieren, die Ihnen sinnlos erscheinen, dass Andere Emotionen zeigen, die für Sie irrelevant sind, und dort wenig oder gar nichts empfinden, wo Sie fähig sind, eine Fülle von internalen und externalen Perzeptionen zu generieren ... Sie werden erkennen, dass Sie sich nicht mehr auf die alt gewohnte Weise mit Ihren Mitmenschen verständigen können. An diesem Punkt angekommen, können zwei Verhatltensextreme resultieren: Zum einen, sich wieder anzugleichen, zum anderen, sich abzukapseln. Ersteres kann dazu führen, dass Sie aufhören zu meditieren, letzteres kann Ihre soziale Versorgung kappen – beides ist offensichtlicher Weise nicht wünschenswert. Leider gibt es kein Patentrezept, um diese Dissonanz in den Griff zu kriegen, aber jetzt wissen Sie von ihr und können Ihre individuelle Lösung finden.

3.1.2. Entspannungsfähigkeit

Ebenso wie Ihre Konzentrationsfähigkeit nimmt auch Ihre Entspannungsfähigkeit im Alltag zu. Sie werden weniger schnell, später gar nicht mehr, nervös.

- Probleme? – Kein Problem ... Probleme sind dafür da gelöst zu werden!
- Stress? – Eine schöne Abwechslung!

Weniger Schlaf

Ihr Schlafbedürfnis nimmt ab. Wenn Sie ohne Meditation 8 oder mehr Stunden Schlaf brauchen, kommen Sie mit Meditation mit 5-6 Stunden aus und fühlen sich am Morgen frisch und ausgeruht.[35]

Weniger krankheitsanfällig

Eine Vielzahl von Krankheiten ist psychisch bedingt oder schlichte Folge aus körperlichem Fehlverhalten. Durch Meditation steigern Sie Ihr Bewusstsein für psychische Abläufe und Ihr Körperbewusstsein. Viele Verhaltensgewohnheiten, die früher in Krankheiten auslaufen mussten, lösen sich dadurch sozusagen von selbst auf. Auch ermöglicht Ihnen größeres Bewusstsein für Körper und Psyche, Krankheiten im Entstehen zu erkennen und etwas gegen sie zu unternehmen, bevor sie sich manifestieren können. Ferner: Oft verwenden wir Krankheiten, manchmal sogar schwere, ja gar möglicherweise tödliche, im Versuch, einen Interdependenzunterbrecher zu setzen, um Situationen zu bewältigen, die derart psychisch oder körperlich verworren sind, dass ein Neuausgleich nicht mehr anders als durch eine gravierende Verhaltenszäsur und darauf folgenden Neubeginn zu erreichen ist. Durch Meditation reorganisieren Sie sich kontinuierlich neu, stets im Verhältnis zu Ihrer jeweiligen Lebenssituation, so dass derart verworrene Psycho-Körper-Knoten überhaupt gar nicht mehr entstehen können ...

---

35) Auch Schlaflosigkeit kann durch Meditation kuriert werden: In der Regel ist Schlaflosigkeit eine Folge aus geistiger Unausgeglichenheit und körperlichen Verspannungen. Meditation wirkt beidem entgegen und verhilft auf diese Weise zu gesundem und entspanntem Schlaf. Es kann vorkommen, dass Sie meditative Entwicklungsphasen durchlaufen, in denen Sie mehr Schlaf als gewöhnlich benötigen. Dann nehmen Sie sich die Zeit für den benötigen Schlaf. Bedenken Sie jedoch, dass es sich um Phasen handeln sollte. Wird starkes Schlafbedürfnis zum Dauerzustand, läuft etwas schief.

also ist kein Zerschlagen, kein Reboot und auch kein Cold-Start mehr erforderlich.

3.1.3. Lebensfreude

Strebsame Zufriedenheit

„Ich bin okay, du bist okay und beide wollen wir noch besser werden." Das ist die Interaktionsprämisse des Meditierenden. Sie werden einen neuen Blick für sich selbst, die Menschheit und Ihre Umwelt bekommen. Sie werden vor Kraft strotzen, kein Berg ist zu hoch, kein Weg zu weit.

Glück

Ganz langsam und sanft wird es beginnen, und nach und nach werden Sie ein glücklicher Mensch. Nicht durch Geld, nicht durch Luxus, auch nicht durch Andere: Sie selbst sind die Ursache Ihrer Lebensfreude, und dadurch gewinnen Sie die Fähigkeit, sich zu freuen, wann immer Sie wollen.

Sie können aus sich selbst heraus glücklich sein!

Ihre Haltung wird sich auf Ihre Umgebung auswirken: Sie wird kreativer, interessanter, ausgeglichener, in sich stimmiger, schöner, erfolgreicher. Menschen werden sich Ihnen zugeneigt fühlen. Möglicherweise entwickeln Sie ein Bedürfnis nach Kontakt zu Gleichgesinnten. Mit dem Willen, den Sie entwickelt haben, können Sie sie finden![36]

Selbstbewusstsein

Allein die Erfahrung, gänzlich frei zu sein – wann Sie wollen, wo Sie wollen und wie Sie wollen, glücklich sein zu können – ist alle ‚Mühen‘ der Meditation Wert ... und je mehr Individuen diese Erfahrungen machen, desto gesünder wird unsere Gesellschaft werden! Die meisten Menschen brauchen etwas außerhalb von sich, einen Anlass, um fröhlich zu sein. Sie jedoch nicht! Sie leben im Hier und Jetzt. Geldmangel? Einsamkeit? ... aber woher denn ... sich deswegen unglücklich fühlen? ... Unsinn! Sie wissen, dass Sie Ihr Leben eigenverantwortlich gestalten, dass Sie sich vertrauen können und dass Sie deshalb jedes Problem lösen können. Sie wissen, dass Probleme kein Grund sind, mit sich selbst oder Anderen zu hadern! Grübeln und Streit sind Zeitverschwendung, das haben Sie erkannt, und deshalb lösen Sie ein Problem, indem Sie rational darüber nachdenken und zur richtigen Zeit das Richtige tun!

---

36) Andererseits kann Sie aber auch nichts dazu zwingen, sie zu suchen. Der Austausch mit Anderen ist wichtig, denn im Nachvollziehen der Perspektive des Anderen liegt die Möglichkeit, die blinden Flecken in unserem eigenen Modell der Welt aufzudecken und aufzufüllen. Allerdings sind wir auch immer wieder auf Andere getroffen, deren Perspektiven des Nachvollziehens schlicht nicht wert waren. Wir sind soziale Wesen und als solche brauchen wir Mitmenschen, um ein erfülltes Leben leben zu können. Es gibt Anthropologen, die die Ansicht vertreten, dass das menschliche Gehirn sich allein infolge dinglicher, technischer und instrumenteller Anforderungen, die das Überleben an den Menschen stellt, nicht zu seiner heutigen Größe und Kapazität hätte entwickeln müssen, sondern dass vielmehr die komplexen sozialen Leistungen, die der Einzelne zu bewältigen hat, um mit der Gruppe interagieren und in ihr und durch sie überleben zu können, die Entwicklung des menschlichen Gehirns in seiner heutigen Form erforderlich gemacht haben. Demzufolge also haben unsere sozialen Bedürfnisse im Prinzip einen positiven evolutionären Nutzen ... Besteht der Preis für ihre Erfüllung jedoch im Verlust echter Individualität und kreativer Leistungsfähigkeit, ist er zu hoch, aus ontogenetischer wie auch aus phylogenetischer Sicht!

Ein Meditierender sieht in einem Problem einen Anlass
zum Lernen, nicht zur Frustration!

3.2. Ziele der Meditation

Manche Ziele setzt uns das Leben, manche Ziele setzen wir uns selbst. Wie wir diese Ziele beschreiben, wie wir sie verfolgen und ob wir sie verfolgen, bleibt uns überlassen. Wollen wir unser Ziel erreichen, zählt die angemessene Zielbeschreibung zu den sensibelsten und schwierigsten Aufgaben, die wir bewältigen müssen, um unseren Erfolg zu gewährleisten. Wir wollen versuchen, im Folgenden einen allgemeinen Rahmen zu schaffen, der es Ihnen erleichtern wird, Ihre individuell angemessene Zielbeschreibung anzufertigen, damit sie sich auf Ihrem Weg orientieren können, damit Sie stets wissen: Da will ich hin! Hier stehe ich jetzt! Und das ist als nächstes zu tun!

3.2.1. Lernen

Der Mensch wird in diese Welt geboren und beginnt zu lernen. Ganz allgemein können wir zwei Arten des Lernens unterscheiden:

1. Assoziatives Lernen:

Assoziativ lernen heißt, Symbole frei mit anderen Symbolen zu verknüpfen. Zum Beispiel:

- Was fällt Ihnen alles zu Meditation ein?

Beantworten Sie diese Frage jetzt! Schreiben Sie alles auf, was Ihnen dazu einfällt, ohne Rücksicht darauf, ob es Sinn ergibt oder nicht.

Öfter assoziierend denken

Assoziierendes Lernen wird leider sehr oft vernachlässigt. Die meisten Menschen denken in Strukturen, in Ordnungen. Das ist ja auch sehr wichtig! Ohne Ordnungsdenken kämen Sie nicht einmal über eine Straße. Sie ordnen: links/rechts, rot/grün, gefährliche Autos/freie Straße, frei/besetzt usw. Denken sie jedoch nur noch in Kategorien, Ordnungen, Strukturen, wird es Ihnen recht schwer fallen Neues aufzunehmen. Denken in Ordnungen ist darauf ausgelegt, irrelevante Informationen möglichst bereits im Vorfeld auszusortieren, um schnelleres Prozessieren zu gewährleisten. Neue Informationen können hierbei rasch unter die Räder kommen, denn es existiert noch keine Ordnung für sie und sie erscheinen deshalb irrelevant.

Erlauben Sie sich zu assoziieren. Nehmen Sie neue Informationen einfach auf und verknüpfen Sie sie mit ihren bestehenden Erfahrungen. Bewerten Sie nicht bereits vorab. Die Beurteilung der Relevanz neuer Informationen kann durchaus – insbesondere in weniger kritischen Situationen – auch mal im Nachhinein erfolgen. Machen Sie sich Ihr Assoziieren bewusst, lassen Sie es zu und lassen Sie es laufen. Dann werden Sie bemerken, dass Sie Personen, Situationen, Sachverhalte, Dinge, Beziehungen, Gefühle, sich selbst, die Natur, die Welt, ... in einem ganz anderen Licht und auf viel umfassendere Weise beobachten können.

Assoziation geschieht geschwind und umfassend!

Assoziation in der Meditation

Auch in der Meditation ist assoziierendes Lernen wichtig. Nehmen wir an, Sie erleben ein neues Ekstasephänomen. Vielleicht ein heiß-ziehendes Gefühl in der Wirbelsäule, unten beginnend, durch den Körper hindurch und aus der Schädeldecke wieder hinaus. Wenn Sie es gewohnt sind, schnell assoziativ zu denken, passiert vielleicht folgendes: Sie assoziieren „Ekstase, neu, brennend, intensiv, Hitze, Lösung, Blitz, weitermeditieren, konzentrieren". Wenn Sie nicht oder nur wenig assoziieren können, fangen Sie eventuell in solch einer Situation an, verzweifelt nach einem Erklärungsmodell, nach einer Struktur zu suchen, und: Das Phänomen verfliegt ... Sie haben Kopfschmerzen ...

2. Strukturiertes Lernen:

Wenn Sie sich ein Konzept erstellen, in welchem Sie Lernziel und Lernweg festgelegen, dann arbeiten Sie strukturiert. Dieses Buch ist auf Strukturen aufgebaut, sie sollen Ihnen helfen, vom Meditationsanfänger zum erfolgreichen und spontanen Meditierenden zu werden.

Erleichterung

Strukturen helfen, mit schwierigeren Situationen fertig zu werden. Mit klaren Vorgaben arbeitet es sich leichter.

Zusammenhang

Assoziatives und strukturiertes Lernen sind nicht voneinander zu trennen! Wer assoziiert, benötigt danach eine Struktur, um seine neuen Ideen in eine Form zu bringen. Wer strukturiert, benötigt Assoziationen, um über sich selbst hinauszuwachsen.

Langzeitspeicher

Soweit, so kurz. Natürlich lässt sich die Typologie des Lernens weit über die Differenz assoziativ/strukturiert hinaus vertiefen. Für unsere Zwecke hier soll aber diese einfache Unterscheidung reichen. Sie ist leicht zu merken, und Sie können sie ganz unproblematisch und schnell einsetzen, um ihr eigenes Verhalten zu beobachten und zu optimieren. Außerdem ist sie nicht nur praktisch, sondern auch recht basal, denn der Mensch benötigt sowohl assoziatives wie auch strukturiertes Lernverhalten, um Neues in seinem Langzeitgedächtnis verankern zu können. Keine Erfahrung ohne Struktur, keine Erfahrung ohne Verknüpfung mit anderen Erfahrungen.

Kinderlernen

Wenn ein Kind eine Sprache lernt, dann geschieht etwas ungeheuer Kompliziertes. Ohne Übersetzungsmöglichkeiten lernt es, Wörter mit Bedeutung zu versehen. Dabei spielt Intensität eine große Rolle: Verbindet ein Kind mit einem Wort hohe Intensität – also starke Gefühle oder Empfindungen – dann wird es dieses Wort wiederholen. So prägt es sich das Wort ein. Hohe Intensitäten können durch Angst, Wut, Schmerz, aber auch durch Liebe, Freude, Spaß und Lust hervorgebracht werden.

Erfahrungen, die mit hohen Intensitäten verbunden sind, werden erstens eher wiederholt und zweitens leichter gemerkt!

Einprägen

Die Regel lautet also: Je höher die Intensität, desto höher die Motivation, das Wort zu lernen. Es wird öfter verwendet als Wörter mit vergleichsweise niedrigerer Intensitätsverknüpfung. Durch die Wiederholung prägt sich das Wort ein.

Spielerisches Lernen

Das Kind muss lernen, um in dieser Welt zu überleben. Und es lernt gerne. Denn Lernen und Spielen unterscheiden sich für ein Kind kaum, vielmehr überlappen und überlagern sie sich. Beide befriedigen Neugierde und Wachstums- und Bewegungsdrang. Beide bedeuten Lustgewinn und sind deshalb selbstbelohnend. Ein Kind lernt spielend – es spielt, um zu lernen, und lernt, um weiterzuspielen. Es schafft sich selbst Situationen, in denen es Worte, Symbole, Verhaltensweisen, Rollen, aber auch Gesellschaftsspiele usw. erlernt. Dennoch ist das Kind, um zu lernen und zu überleben, auf seine Umwelt angewiesen. Ganz besonders braucht es die Liebe und Zuwendung seiner Eltern und der anderen ihm nahestehenden Personen. Über diese Beziehungen erwirbt das Kind bereits äußerst früh seine Erwartungen darüber, mit welchem Verhalten seinen Mitmenschen und der Welt gegenüber es wahrscheinlich auch in Zukunft überleben kann. Leicht kann es in dieser sensiblen Phase zu einer Verwirrung von Liebe, Anerkennung und Abhängigkeit kommen. Alles, was in dieser Phase gut läuft, wie auch das, was schief läuft, wird gleichermaßen erlernt und bleibt, wenn es nicht irgendwann hinterfragt und sinnvoll aufgearbeitet wird, das ganze Leben über in seiner ursprünglichen Form erhalten. So können auch etliche mögliche positive und sinnvolle neue Erfahrungen in der Zukunft eines Menschen bereits durch sein Lernerleben in der Kindheit ausgeschlossen werden.

Technik und Fortschritt

Kulturell erworbene Einschränkungen prägen das Weltbild der meisten Menschen. Selten sind sie in der Lage dazu, von ihrem Weltbild abzuweichen oder gar darüber hinauszuwachsen. Und gäbe es nicht immer wieder Ausnahmen, gäbe es nicht immer wieder Menschen, die weiterlernen wollen, gäbe es keine revolutionären Ideen, keine Technik, keinen Fortschritt. Das stärkste Motiv zu lernen, ist der Wunsch zu überleben. Während es vor 200 Jahren noch außergewöhnlich war, wenn ein Mensch älter als 70 Jahre wurde, so ist das heute doch eher die Regel. Heute heißt es, der körperliche Verschleiß erreicht mit ca. 115 Jahren das Endstadium, viel weiter geht es nicht, viel länger halte der Körper nicht.

Weiterentwicklung

Doch das ist der Stand heute. Wer weiß, wie es in 20 Jahren aussieht. Stetig weiter zu lernen, Geist und Körper in Schwung zu halten, ist die beste Praxis, um zu überleben. Sogar 80jährige sind mit Hilfe angemessener Lerntechniken und der richtigen Motivation in der Lage dazu, sich 50 Zahlen in korrekter Reihenfolge zu merken. Andere Leute solchen Alters und Schlages üben sich in Bodybuilding, Yoga, Tai Chi, Qi Gong, ... und verlassen ihr Krankenlager und beginnen wieder zu leben. Warum? ... Sie lernen wieder!

Das Ziel

Meditation mit allem, was sie impliziert – Konzentration, Entspannung, Ekstase, ... – erleichtert das Lernen, ja, sie erweckt gar den eigentlichen Wunsch und das Bedürfnis zu lernen. Wie also lautet das Ziel? ...

Das Ziel heißt Überleben!

Solange wir leben, können wir nichts darüber sagen, ob der Geist auch ohne Körper existieren kann, ob das Leben nach dem Tode weiter geht.[37] Aber wenn wir uns entschieden haben, das Leben zu achten – und wir können nicht nur das eigene Leben achten, denn ohne anderes Leben wäre und ist unser ‚eigenes‘ Leben nicht möglich, also müssen wir das Leben achten, alles Leben – können wir etwas tun: so lange und sinnvoll wie möglich leben. Achten wir das Leben, sind wir genau genommen sogar dazu verpflichtet. Wir müssen frisch und wach sein, gesund bleiben und dazu lernen, um all unsere Kräfte auf das Ziel Überleben auszurichten.

3.2.2. Weiterentwicklung

Der Sinn des Lebens

Ein Ziel kann uns auf unserem Weg bestärken. Es weist uns die Richtung, es zeigt uns das „Wohin". Es sagt uns, was in Zukunft sein kann, es sagt uns, was wir erreichen können. Die Kraft, unseren Weg zu gestalten aber beziehen wir aus der Gegenwart, aus der Art, wie wir unser Sein, unser Tun, unser Handeln und Erleben im Hier und Jetzt in die Gesamtheit vergangener und möglicher zukünftiger Existenz konsistent und kohärent einbetten: „Was ist meine Position im Leben? Was meine Funktion? Was tue ich für mein Leben? Was habe ich für mein

---

37) Ja, genau diese Paradoxie ist Absicht.

Leben getan? Woher komme ich? Wieso hat das Leben mich geschaffen? Was habe ich erreicht? Was kann ich für das Leben erreichen? Was zu ihm beitragen? ... Was ist der Sinn meines Lebens?" – Diese Fragen und der stetige Versuch und die Fähigkeit, im Hier und Jetzt eine angemessene Antwort auf sie zu finden, sind es, die uns den Rücken stärken, um „ab jetzt" mit Klarheit und Gewissheit sinnvoll leben zu können. Religionen verschleiern uns seit Urzeiten diese klare Sicht, indem Sie sich bemühen, uns mit einem Versprechen auf ein ‚Leben nach dem Tode' und auf eine ‚Höhere Fügung' in vermeintlicher Sicherheit zu wiegen. Natürlich waren es Menschen, die diese Religionen geschaffen haben – ein Ritual, um die Angst vor dem Tod zu mindern, die eigene und die der Anderen, und, nicht zu vergessen, um das Individuum im Leben funktionstüchtig und konform zu halten, denn die Einlösung des Versprechens war und ist stets an die Einhaltung gewisser Verhaltensnormen gekoppelt. Aber wie bitte soll einem ein ‚Leben nach dem Tode' den Sinn im Hier und Jetzt ersetzen, und wie soll einem ‚Höhere Fügung' selbstständiges Denken und eigenverantwortliches Handeln abnehmen. Wir erschaffen und gestalten unsere Existenz, gemeinsam gestalten und erschaffen wir unsere Realität. Wir können Leben schaffen und Leben zerstören, wir können Leben fördern und wir können es behindern, unser eigenes und das anderer ... Wer will uns daran hindern, das Falsche zu tun, und wer kann uns dazu bringen, das Richtige zu tun, außer wir selbst, und was kann uns die Kraft geben, uns selbst zu bestimmen und auch in komplexen Situationen das passende Verhalten zu finden, außer die Klarheit und Gewissheit über unsere Position im Universum ...

Was ist der Sinn Ihres Lebens?

Weiterentwicklung

Eine für jeden passende Antwort auf diese Frage können wir nicht geben ... das liegt in der der Natur der Sache selbst: Die Antwort ist individuell, kein Anderer kann sie für Sie finden ... nur Sie allein können Sinn in Ihr Leben bringen!

Was wir jedoch tun können, ist Ihnen einen Tipp geben – einen Tipp in Gestalt einer kleinen und einfachen Formel, mit Hilfe derer es Ihnen gelingen wird, Ihren Kurs zu halten: Unser Leben liegt in unseren eigenen Händen, wir entscheiden darüber, was wir tun und was wir nicht tun, wir entscheiden darüber, was wir denken und was wir nicht denken. Niemand kann in uns hineingreifen und uns unser Denken, Handeln und Entscheiden abnehmen. Jeder von uns ist ein individuelles, selbstständiges und zu Freiheit fähiges Lebewesen. Jedoch ist unser eigenes Leben ohne anderes Leben – gegenwärtiges und vergangenes Leben – nicht möglich. Unser individuelles Leben resultiert aus der Gesamtheit des Lebens und in jedem von uns ist die Kraft gegeben, sein individuelles Leben zu bestimmen und zu gestalten. Leben existiert im Universum, beide sind untrennbar miteinander verbunden, sie bringen einander hervor. Aus dieser Sicht ist unser Leben, unsere Existenz, ist Ihr Leben und Ihre Existenz eine individuelle Inkorporation des Lebens und des Universums ... Sie sind eine Inkarnation des Universums ...!?! ... Was jetzt mit dem Tipp ist, fragen Sie sich? – Ganz einfach: Das jeglichem Leben und dem Universum von ihren Ursprüngen bis in die Gegenwart gemeinsame Verhalten ist Entfaltung, Diversifikation, Entwicklung und Weiterentwicklung. Als Inkarnation des Universums tun Sie es einfach dem Universum gleich, entwickeln sich weiter, ab jetzt jedoch stetig und bewusst! Die Formel lautet: Weiterentwicklung.

Wenn Sie eine Frage im Moment noch nicht beantworten können, entwickeln Sie sich weiter, und Ihre Chancen, morgen die Antwort zu finden, nehmen zu. Wenn Sie heute eine Fähigkeit noch nicht besitzen, lernen Sie dazu, entfalten Sie sich, entwickeln Sie sich weiter und steigern Sie Ihr Können. Wenn Sie nicht wissen, was morgen kommt, entwickeln Sie sich weiter, und Sie werden besser darauf vorbereitet sein: Erweitern Sie Ihre Möglichkeiten, nutzen Sie Ihre Chancen, erfüllter und im Einklang mit sich selbst weiterzuleben!

Der Weiterentwicklungsmechanismus

Und es kommt noch besser, denn Weiterentwicklung geht wie von selbst vonstatten, wenn sie drei Prinzipien beachten:

1. Sie haben einen Körper, der sich selbst erhält, der sich selbst organisiert, der sich selbst reguliert. Wir nennen diesen Vorgang *Autopoiese*: Trainieren Sie Ihren Körper und unterstützen Sie ihn in den ihm natürlichen Funktionen!

2. Ihre Psyche soll Unabhängigkeit erlangen: Sie soll die Fähigkeit erlangen, sich an sich selbst zu orientieren, sich klar und eindeutig zu definieren und nach sich selbst zu handeln. Wenn Sie meditieren wollen, müssen Sie Pläne schmieden und sich realistische Ziele setzen. Sie benötigen ein Wertesystem – Richtlinien zum Handeln und Anweisungen dafür, wo es hingehen soll. Wer diese Fähigkeit, sich selbstständig Werte zu setzen, besitzt, den nennen wir *autonom*: Trainieren Sie Ihren Geist und denken Sie selbst!

3. Sich Ziele und Werte zu setzen, ist das eine, aber nach ihnen handeln zu können und auch gewisse Ziele und Werte, wenn sie unbrauchbar geworden sind, wieder

verwerfen zu können, ist eine andere Sache. Diese
Fähigkeit nennen wir *Autarkie*: Lernen Sie zu handeln und
eigenständige und funktionale Entscheidungen zu fällen!

Klingt eigentlich ganz einfach ... dennoch haben Sie wahrscheinlich
bereits recht häufig erlebt, dass Sie sich ein Ziel gesetzt haben, ohne es
am Ende zu erreichen, oder? ... Nicht verzagen, das lag daran, dass es
nicht Ihr eigenes Ziel war, Sie hatten es sich einfach von irgendwem
abgeguckt, ein Problem mangelnder Autonomie ... oder es lag daran,
dass es Ihnen an Wille, an Kraft, an Durchsetzungsvermögen geman-
gelt hat, dann war es fehlende Autarkie ... jetzt lernen Sie, wie's besser
geht.

Autopoiese, Autonomie und Autarkie ganz praktisch erklärt:

Autopoiese

Das menschliche Nervensystem ist informationell und organisatio-
nell in sich geschlossen. Millionen von Nervenzellen befinden sich
parallel zu anderen Nervenzellen in Erregung. Ein Erregungszustand
löst den anderen ab. Sie können hierauf keinen direkten Einfluss nehmen. Ihr Nervensystem reagiert nur auf sich selbst. Informationen von
außerhalb kann es nicht verarbeiten. Aber Sie können es durch Um-
weltgestaltung orientieren. Meditation, Yoga, Sport, Denken, ... sind
derartige Umweltgestaltungen. Negative Orientierungen können den
Körper schädigen, ihn gar zerstören, positive Orientierungen fördern
ihn in seinem natürlichen Prozessieren. Handeln Sie sinnvoll und Ihr

Körper erledigt den Rest ganz von allein.[38] „Autopoiese des Körpers"
bedeutet, dass Sie einen Körper haben, der sich selbst erschafft, sich
selbst erhält und auf sich selbst reagiert. Sie können ihn anregen, etwas
zu ändern, aber was er tut oder nicht, ist seine Entscheidung. Das heißt
nicht, dass Sie Ihrem Körper ausgeliefert oder nicht Ihr Körper sind,
ganz im Gegenteil: Erst wenn Sie tatsächlich begreifen, wie Ihr Körper
funktioniert und auf welche Anregungen er wie reagiert, sind Sie ganz
Ihr Körper.

Ihr Körper ist ein eigenständiges System!

Ihr Körper ist wichtig für Sie. Unterstützen Sie ihn, wo Sie können und
wie Sie können. Es ist vollkommen ungewiss, ob Sie ohne ihn überleben werden.

Autonomie

Wenn Sie einen Tagesplan erstellen, von dem Sie selbst sagen, dass Sie
ihn einhalten können, handeln Sie autonom. Wichtig dabei ist, dass Sie
für sich selbst bestimmen, dass Sie nicht einfach, ohne selbst nachzu-
denken, irgendwelche Vorgaben übernehmen. Autonomie praktizieren
heißt, selbst darüber nachdenken, was geschehen soll, was geschehen
kann und was geschehen wird.[39]

---

38) Auch Lebensmittel, Medikamente, Gespräche, Geräusche, Gerüche, ... sind in diesem Sinne ori-
entierende Umweltgestaltungen. Je nachdem wie eingesetzt, können sie schaden oder nützen, können
sie sinnvoll sein oder nicht.

39) Autonomie praktizieren heißt natürlich auch, wenn es erforderlich ist, Hilfe annehmen zu können, aber man hat eben selbst begriffen, dass die Hilfe erforderlich ist, und kann sie deshalb auch

Ideale konstruieren

Autonomie bedeutet auch, sich Ideale konstruieren zu können. Nehmen wir zum Beispiel an, Sie möchten unsterblich werden. Sie würden vielleicht formulieren: Ich will all mein Streben darauf ausrichten, einen Weg zu finden, unsterblich zu werden.

Als nächstes würden Sie von diesem Leitsatz weitere Teilanforderungen ableiten:

- Ich will soviel Zeit wie möglich für Forschungsarbeit theoretischer Art zum Thema Unsterblichkeit aufwenden.
- Ich will täglich meditieren, um meinen Körper entspannt zu halten.
- Ich will mich gesund ernähren und den Körper trainieren, um ihn solange wie nur möglich fit zu halten.
- Ich will mich immer wieder selbst übertreffen, damit ich mich nicht im Status quo festfahre.

Und daraufhin würden Sie einen Tages-, Wochen-, Monats- oder Jahresplan erstellen, in dem Sie angeben, wie Sie Ihre Ansprüche in die Tat umsetzen.

Fremd oder eigen?

Um Ihre Ziele zu erreichen, müssen Sie Ihre Ziele begreifen. Sie müssen sie für sich durchdacht haben. Das heißt nicht, dass Sie alles selber neu erfinden müssen und auf jegliche Leistung Anderer verzichten sollen. Jedoch sollten Sie keine hohlen Formeln übernehmen. Erst wenn Sie voll und ganz die Verantwortung für Ihre Ziele und Werte überneh-

---

inhaltlich annehmen.

men können und wollen, haben Sie eine reale Chance Ihre Ansprüche in die Tat umzusetzen.

Autarkie

Ein autonomer Mensch sagt: „Ich werde jeden Morgen um 6.30 Uhr aufstehen und eine halbe Stunde lang meditieren."

Das Problem des Willens

Das macht er zwei Tage, dann verschläft er das erste Mal – vielleicht hat er gestern zu lange gefeiert ...

Was ist da passiert? – Es fehlte ihm an Autarkie, an praktischer Entscheidungskraft, an Wille. Eigenständige Ansprüche an sich zu stellen, ist die eine Sache, Entscheidungen zu fällen, die in die Tat umgesetzt werden, die andere.

Autarkie ist die Fähigkeit, mit der die selbstgesetzten Ziele auch erreicht werden können. Ohne Autarkie könnten wir nicht überleben ... wir wären Tagträumer, die des Hungers stürben.

Armeskraft

Autopoiese ist die Basis, auf der wir aufbauen. Autonomie ist unser bewusst gelenktes Denken, mit dem wir unsere Ziele bestimmen. Und Autarkie ist die Kraft unserer Arme, mit der wir diese Ziele in die Tat umsetzen.

Übertreffen

Autarkie verleiht uns nicht nur die Fähigkeit, unsere Ziele auch zu erreichen, sie ermöglicht uns ebenso, es zu erkennen, wenn ein Ziel nicht sinnvoll ist, und dieses Ziel dann spontan und willentlich zu ändern. Um uns übertreffen, um über uns hinauszuwachsen, dafür benötigen wir

Autarkie. Autarkie praktizieren heißt, die Ziele zu realisieren, die realisiert werden können, und dann weiterzustreben.

Wie also weiter?

Sich selbst übertreffen, handlungsfähig bleiben, weiterhin Sinn zu generieren, kann das der Sinn des Lebens sein?!

Wie gesagt, wir können versuchen, der Frage hier Form zu geben, die Antworten findet jedes Individuum nur in sich und in seiner Welt.

Zwei Fähigkeiten unterscheiden den Menschen von allen anderen Lebensformen, die wir bislang kennen, die Fähigkeit der „Selbstbeobachtung" und die Fähigkeit der „Selbstbeschreibung". Wenn wir jeden Menschen als individuelle Inkarnation des Universums betrachten können, kann dann die Menschheit der Versuch des Universums und des Lebens sich selbst zu erforschen sein? ...

Weiterentwicklung wird uns helfen, Antworten auf unsere Fragen zu finden ... in der Zwischenzeit unterstützt Entspannung die Autopoiese, fördert Konzentration die Autonomie und festigt Ekstase die Autarkie. Deshalb Meditation ...

4. Das Wann, Wo und Wie der Meditation

Meditation

4.1. Wann und wie lange meditieren?

Sie haben sich entschieden, intensiv zu meditieren? – Dann werden Sie als Nächstes die Meditation zu einer täglichen Praxis machen wollen. Im Folgenden finden Sie einige Ratschläge dazu, wie Ihnen das leicht gelingen kann – auch dann wenn Sie gerne mehr meditieren möchten, aber eher weniger Zeit haben.

4.1.1. Der Tagesrhythmus

Als Anfänger der Meditation sollten Sie vor allem eines beachten:

Der Körper ist Ihr Helfer.

Sie lernen am besten, wenn Sie sich von Ihrem Körper helfen lassen. Nutzen Sie die Tendenz Ihres Körpers Gewohnheiten auszubilden: Wenn Sie normalerweise abends um 19.00 Uhr essen, wird Ihr Körper genau dann nach Nahrung schreien. Er ist es gewohnt, um diese Zeit gefüttert zu werden und verlangt sein Recht. Auf Meditation wird er mit der Zeit genauso reagieren. Vielleicht macht er am Anfang ein paar Schwierigkeiten, aber dennoch: Richten Sie sich feste Meditationszeiten ein! Irgendwann wird Ihr Körper beginnen, nach der Meditation zu verlangen, und mit seiner Unterstützung erlernen Sie das Meditieren schneller.

Feste Meditationszeiten einrichten!

Hier und jetzt

Setzen Sie nun Ihre Meditationszeiten fest. Zaudern Sie nicht lange, tun Sie es einfach jetzt. Versuchen Sie, auf mindestens 3 Stunden täglich zu kommen – am Anfang sollten Sie sich aber auch nicht mehr als 5 Stunden zumuten. Keine Meditation sollte kürzer als ½ Stunde sein. Prüfen Sie, ob Sie Ihre Zeiten einhalten können. Was kann alles dazwischen kommen? Wählen Sie Zeiten, in denen Sie wirklich ungestört sind.

Die besten Zeiten

Am besten ist es, direkt morgens die erste Meditation zu machen. Dann mittags die nächste und abends den Rest. Meditieren Sie anfangs besser nicht nach 24.00 Uhr, Sie sind dann leicht einmal zu müde. Halten Sie Ihre Zeiten immer genau ein. Jede Meditation, die Sie ausfallen lassen, bedeutet nicht nur Aufenthalt, sondern auch Rückschritt!

Beispiel für einen Tagesplan mit Arbeit:

06.00 Uhr	Aufstehen, Yoga.
06.30 Uhr	Meditation.
07.00 Uhr	Duschen, Frühstücken.
08.00 Uhr	Arbeit.
12.00 Uhr	Mittagspause und anschließender Spaziergang im Schnellgeh-Tempo.
13.00 Uhr	Arbeit.
17.00 Uhr	Einkaufen.

18.00 Uhr	Körpertraining.
19.00 Uhr	Meditation.
20.00 Uhr	Abendbrot.
20.30 Uhr	Theorie – Forschungszeit, z.B. für wissenschaftliche Modelle.
22.00 Uhr	Meditation.
23.00 Uhr	Tagebuchaufzeichnungen.
23.30 Uhr	Meditation.
24.00 Uhr	Schlafenszeit.

Beispiel für einen Tagesplan ohne Arbeit:

06.00 Uhr	Aufstehen, Yoga.
06.30 Uhr	Meditation.
07.30 Uhr	Spaziergang.
08.00 Uhr	Duschen, Frühstück.
08.30 Uhr	Aufräumen.
09.00 Uhr	Theorie-Zeit, Logiktraining.
12.00 Uhr	Meditation.
13.00 Uhr	Bodybuilding.
14.00 Uhr	Freizeit – sinnvoll genutzt, vielleicht ein Buch über Lerntheorie.
16.00 Uhr	Radfahren, Joggen oder Schwimmen.
17.00 Uhr	Abendbrot.
18.00 Uhr	Meditation.
19.00 Uhr	Programmierübungen oder Taktikspiele – vielleicht am Computer.

22.00 Uhr	Yoga.
23.00 Uhr	Meditation.
23.30 Uhr	Tagebucheintragung.
24.00 Uhr	Schlafenszeit.

Wenn Sie die festen Zeiten eingerichtet haben, haben Sie in Ihrem Körper einen guten Freund, denn er wird Sie zur Meditation rufen, wenn Sie sie versäumen.

Ihr Körper ist ein guter Freund!

Der Wecker

Meditieren Sie anfangs nicht mit einer Uhr in Reich- oder Sichtweite! Legen Sie sich einen Wecker vor die Tür, der dann schellt, wenn Ihre Meditationszeit beendet ist. Verkürzen Sie Ihre Zeiten nicht und verlängern Sie sie nicht. Verkürzen heißt aufgeben, verlängern heißt, dass Sie sich unterschätzt haben. Wenn Sie feststellen, dass Sie die Meditationszeit zu kurz gewählt haben, dann verlängern Sie sie am nächsten Tag.

Probleme?

Wenn Sie meinen, Sie können niemals täglich 3 Stunden für Meditation erübrigen, aber dennoch eigentlich gerne diese Zeit hätten, überprüfen Sie, was Sie täglich so tun. Wie viel Handlungsballast ist eigentlich dabei? Was Ballast ist und was nicht, ist natürlich eine Frage Ihrer Ziele. Also erstellen Sie sich erst einmal einen Plan, der Ihnen Auskunft über Ihre Zielprioritäten gibt. Dann vergleichen Sie diesen Plan mit Ihren täglichen Tätigkeiten und fragen sich nochmals, was davon Ballast ist, welche unnötigen Tätigkeiten Sie aus Ihrem Tagesablauf eliminieren können und wie viel Zeit Sie dadurch gewinnen. Wir haben festgestellten, dass auch in einem 10-Stunden-Arbeitstag noch Platz für 3 Stunden Meditation übrig (nötig ...) sein kann.

4.1.2. Meditations-Weekends

Vertiefung

Meditations-Weekends sind Wochenenden, Wochen oder Wochenabschnitte, deren Ablauf Sie speziell daraufhin ausrichten, Ihre Meditation zu vertiefen.

Es empfiehlt sich, wenigstens 1mal im Monat ein solches *Weekend* einzufügen.

Nutzen Sie Meditations-Weekends, um Ihre meditativen Fähigkeiten zu steigern und zu vertiefen!

Regeln

- Planen Sie dieses Wochenende sehr genau.
- Setzen Sie sich feste Zeiten, wann und für wie lange Sie meditieren.
- Halten Sie Ihre Zeiten ein.
- Für die Zeiten zwischen den Meditationen sollte ebenfalls geklärt sein, was Sie dann tun.
- Setzen Sie Zeiten für Kopftraining fest.
- Setzen Sie Zeiten für Körpertraining fest.

- Fertigen Sie sich einen angemessenen Speiseplan an.
- Besorgen Sie alles, was Sie für das Weekend brauchen rechtzeitig – d.h. bevor das Weekend beginnt.

Auf den nächsten Seiten finden Sie zwei Beispiel-Pläne, festgesetzt für je ein Wochenende, das erste für Anfänger, das zweite für Fortgeschrittene:

Anfänger-Weekend:
Samstag:

07.00 Uhr	Aufstehen, Bioenergetik, Duschen.
07.45 Uhr	Frühstück: 1 Apfel, 1 Joghurtmüsli.
08.00 Uhr	Spazierengehen.
08.30 Uhr	Wohnung aufräumen mit dem Ziel: Aufmerksamkeit und Genauigkeit beim Aufräumen.
09.30 Uhr	Pranayama-Vorübung.
10.30 Uhr	Meditation beenden, Meditationsaufzeichnung anfertigen, Bioenergetik.
11.00 Uhr	Lesen und Begreifen der „Theorie Autopoietischer Systeme" (Maturana).
14.00 Uhr	Meditation: Mantra.
15.00 Uhr	Meditation beenden, Meditationsaufzeichnung anfertigen, Bodybuilding.
16.00 Uhr	Lesen und Begreifen der Maturana-Theorie.
18.00 Uhr	Meditation: Mantra.
19.00 Uhr	Meditation beenden, Meditationsaufzeichnung und danach Bioenergetischer Bogen.

19.15 Uhr	Abendbrot: 1 Scheibe Vollkornbrot mit Sojawurst, 1 Birne.
19.45 Uhr	Spaziergang (Schnellgehen).
20.15 Uhr	Meditation: Mantra.
21.15 Uhr	Meditation beenden, Meditationsaufzeichnung, Logiktraining.
22.00 Uhr	Meditation: Mantra.
22.30 Uhr	Meditation beenden, Meditationsaufzeichnung, Bioenergetik.
23.00 Uhr	Meditation: Mantra.
24.00 Uhr	Meditation beenden, Meditationsaufzeichnung, Schlafen.

Sonntag:

07.00 Uhr	Aufstehen, Joggen, Duschen.
07.45 Uhr	Frühstück: Rührei mit Tomate.
08.00 Uhr	Lesen und Begreifen der Maturana-Theorie.
11.00 Uhr	Asana-Training: 2 Stunden mit erlaubter leichter! Bewegung und Mantra.
13.00 Uhr	Meditation beenden, Meditationsaufzeichnung und Bioenergetik.
13.45 Uhr	Spaziergang.
14.15 Uhr	Asana-Training: 1½ Stunden ohne Bewegung und Mantra.
15.45 Uhr	Meditiation beenden, Meditationsaufzeichnung, leichte Obst-Zwischenmahlzeit.
16.15 Uhr	Einfache Denksportaufgaben.

17.00 Uhr	Asana-Training: 1½ Stunden ohne Bewegung und Mantra.
18.30 Uhr	Meditation beenden, Meditationsaufzeichnung und Bioenergetik.
19.15 Uhr	Aufmerksamkeitsmeditation mit Mantra.
20.00 Uhr	Meditation beenden, Meditationsaufzeichnung.
20.15 Uhr	Sachlich klarer und vernünftiger Aufsatz zum Thema: „Was ist der Sinn meines Lebens."
21.00 Uhr	Abschluss, Resümée über das Wochenende, Mahlzeit wie gewünscht (nicht vollstopfen).

Fortgeschrittenen-Weekend:
Samstag:

07.00 Uhr	Aufstehen, Yoga-Reihe, Duschen.
07.45 Uhr	Frühstück: 2 Löffel Joghurt, 2 Löffel Eiweißmüsli, 1 Glas Orangensaft, 1-2 Tassen Kaffee oder Tee.
08.00 Uhr	Spazierengehen.
08.30 Uhr	Meditation: Intensiv-Pranayama.
10.30 Uhr	Meditation beenden, Meditationsaufzeichnung, Yoga.
11.00 Uhr	Logik-Training, evtl. 1 Apfel zwischendurch.
13.00 Uhr	Meditation: Atembeobachtung Nase.
15.00 Uhr	Meditation beenden, Meditationsaufzeichnung, Bodybuilding.
16.30 Uhr	Meditation: Atembeobachtung Nase.
19.30 Uhr	Meditation beenden, Meditationsaufzeichnung, Abendbrot: Fisch mit Reis.

20.30 Uhr	Denksportaufgaben, Programmieren.
22.00 Uhr	Meditation: Atembeobachtung Nase.
23.30 Uhr	Meditation beenden, Meditations-aufzeichnung, Yoga-Reihe.
24.00 Uhr	Schlafen (im Savasana).

Sonntag:

06.00 Uhr	Aufstehen, Pranayama.
09.00 Uhr	Meditation beenden, Meditationsauf-zeichnung, Yoga-Reihe, Duschen.
09.45 Uhr	Frühstück: wie Samstag.
10.15 Uhr	Spazierengehen.
10.45 Uhr	Meditation: Atembeobachtung Nase.
12.45 Uhr	Meditation beenden, Meditations-aufzeichnung, Logik-Training.
15.00 Uhr	Bodybuilding.
16.00 Uhr	Meditation: Atembeobachtung Nase.
18.00 Uhr	Meditation beenden, Meditations-aufzeichnung, Programmieren.
20.00 Uhr	Meditation: Atembeobachtung Nase.
21.00 Uhr	Meditation beenden, Meditationsauf-zeichnung, Abendbrot: Paprika-Huhn mit Reis, Abschluss, Resumée.

Noch eine wichtige Sache:

Bevor Sie Ihr *Weekend* beginnen, sollten Sie Ihr Weekend-Ziel formal festlegen: Welche Konzentrations-Stufe, welche Entspannungs-Stufe und welche Ekstase-Stufe wollen Sie erreichen bzw. etablieren? – Berücksichtigen Sie dabei, dass Sie an dem *Weekend* mehr asanasitzen, als Sie gewohnt sind. Langfristig wird das natürlich zu einer Verbesserung Ihrer Leistung führen, zwischendurch kann sie aber auch mal abfallen. Bemühen Sie sich, sich weder zu überschätzen noch zu unterschätzen.

4.2. Wo meditieren?

Jetzt geht es um das materielle Drumherum der Meditation: Um Ihren Körper, Ihre Meditationskleidung, Ihre Ernährung und Ihren Meditationsraum.

4.2.1. Der eigene Körper

Besondere Aufmerksamkeit

Ihr Körper ist das Haus, in dem Sie meditieren. Er bedarf besonderer Aufmerksamkeit, denn er gibt Ihnen stets ausführliche Auskunft über Ihre allgemeine Verfassung! Machen Sie es sich zur Gewohnheit, Ihren Körper zu beobachten. Am Anfang ist es nützlich, sich die Uhr zu stellen und jede Stunde zu prüfen:

- Ist mein Körper warm?
- Fühle ich mich in meinem Körper wohl?
- Meldet mein Körper mir Verspannungen (schmerzt vielleicht der Nacken oder der Bauch oder schmerzen die Waden)?
- Was möchte mein Körper? Will er Bewegung (Anzeichen: z.B. Kribbeln)?
- Wie ist meine Körperhaltung derzeit?

- Habe ich die Beine übereinandergeschlagen?
- Habe ich den Kopf nach vorne geschoben?
- Habe ich den Bauch eingezogen?

Korrigieren Sie falsche Körperhaltung, lockern Sie Ihre Muskeln, bewegen Sie sich.

Werden Sie körperbewusst!

4.2.1.1. Körperpflege

Im Allgemeinen wird unter Körperpflege die tägliche Hygiene – Waschen, Toilette, Zahnpflege, Haarpflege, Nagelpflege, Hautpflege etc. verstanden. Wir setzen dieses allgemeine Verständnis voraus und ergänzen es aus zwei Perspektiven:

1. Körperpflege von außen.
2. Körperpflege von innen.

Körperpflege von außen:

Über- oder untertreiben

Einige Menschen untertreiben die äußerliche Körperpflege, indem sie sich unregelmäßig waschen, Andere übertreiben sie mit einem Hygienezwang.

Unser Verständnis

Wir verstehen unter minimaler äußerlicher Körperpflege, den Körper mindestens jeden zweiten Tag zu duschen, sich täglich mindest 2mal die Zähne zu reinigen, ... eben das, was Ihnen auch Ihr Hausarzt als grundlegende Hygiene empfehlen würde.

Pflegen Sie Ihren Körper gründlich und natürlich, aber übertreiben Sie nicht!

Veränderungen

Ihr Körper wird sich durch das Meditieren verändern – diese körperlichen Veränderungen betreffen Haut, Haare, Fingernägel, Menstruation, Atmung u.v.a.

Zum Beispiel:

- Ihre Haut wird glatter, geschmeidiger und weniger empfindlich. Falten und Orangenhaut nehmen möglicherweise ab.
- Ihre Haare wachsen gleichmäßiger, manchmal ändert sich ihre Farbe leicht (oft wird sie intensiver).
- Ihre Fingernägel werden fester.
- Ihre Atmung wird ruhig und gleichmäßig, geht bis tief in den Bauch.
- Viele Frauen stellen fest, dass Ihre Menstruation durch Meditation regelmäßiger wird. Anfänglich kann es aber auch vorkommen, dass die Menstruation eine Weile ganz ausbleibt oder häufiger und intensiver auftritt. Das normalisiert sich mit der Zeit.
- Ihre Muskeln werden weicher (entspannter), Fettgewebe wird weniger. Sie sollten zumindest regelmäßiges Stoffwechseltraining praktizieren, denn ohne Ausgleichstraining können sich

Ihre Muskeln infolge häufigen Asanasitzens stark zurückbilden.

- Kopfschmerzen aufgrund von Verspannungen treten kaum noch auf.

Keine unnützen Mittelchen

Was Ihnen die Werbung so alles im Rahmen der Körperpflege anbietet, sollten Sie gründlich überprüfen. Viele Dinge sind vollkommen überflüssig, manche machen sogar abhängig. Viele Frauen cremen ihren Körper täglich mit Body-Lotions ein. Folge dessen ist, dass die Haut sich an die Feuchtigkeitszufuhr von außen gewöhnt und, wenn sie ausbleibt, sich nicht mehr selbst regenerieren kann und immer schneller austrocknet. Sie sollten davon ablassen. Durch Meditation verändert sich Ihre Haut, sie kann wieder zu ihrem natürlichen Rhythmus zurückfinden und benötigt nur unter sehr starker Belastung zusätzliche Chemie, um sich zu regenerieren. Entsprechendes gilt für Lippencremes, Gesichtscremes, Deodorants etc. Anfangs kann die Umstellung etwas unangenehm sein, vielleicht wird die Haut erst einmal leicht spröde, aber das gibt sich. Massagen können insbesondere in dieser Phase Abhilfe schaffen.

Falten

Viele Hautfalten entstehen durch Verspannungen, insbesondere durch unnatürliche Körperhaltung oder im Gesicht durch einen kontinuierlich angespannten oder gar verkrampften Gesichtsausdruck. Solche Hautfalten verschwinden durch Entspannung, auch nimmt Ihre Hautflexibilität wieder zu.

Natürliche Pflege

Pflegen Sie also Ihren Körper natürlich. Wenn Sie meinen, dass Sie Cremes benötigen, dann benutzen Sie Qualitätsprodukte, die dem von Ihnen gewünschten Zweck dienen und nicht mit Nebenwirkungen aufwarten, die lediglich den Absatz der Hersteller steigern.

Deodorants

Sie werden feststellen, dass infolge regelmäßiger Meditation Ihre Transpiration nachlässt. Sie werden zunehmend auf die Verwendung von Deodorants verzichten können.[40]

Für Ihre Meditation ist es wichtig, dass Ihr Körper einen sauberen und klaren Eindruck auf Sie macht, damit Sie sich sauber und klar fühlen, denn Ihre Meditation soll ebenfalls sauber und klar sein.

Körperpflege von innen:

Lernen Sie, auf Ihre Verspannungen zu achten, und bauen Sie sie ab. Entspannung im Alltag ist eine äußerst wichtige Sache. Die ganze Meditation nützt wenig, wenn Sie sich anschließend aufregen, die Schultern hochziehen, den Bauch einziehen und die Augen zusammenkneifen.

Achten Sie auf entstehende Verspannungen und lösen Sie sie!

---

40) Es empfiehlt sich, die Körperstellen, die Sie mit Deodorants gecremt haben, vor der Meditation gründlich zu waschen. Durch die tiefe Atmung in der Meditation werden Stoffwechselprodukte über die Haut ausgeschieden, Deodorants verhindern diesen Effekt. Menschen, die intensiv meditieren, kennen zum Beispiel von der Engergie/Atem-Kontrolltechnik „Pranayama" einen starken geruchslosen Schweiß, der aus allen Poren strömt. Dies ist gesund und – wie gesagt – geruchsneutral.

- Also achten Sie, wo Sie gehen und stehen auf Ihre Atmung! Ist sie ruhig und tief? Wenn nicht, korrigieren Sie sie.
- Machen Sie regelmäßig Yoga oder Bioenergetik, das steigert das Körperbewusstsein, hält fit und löst Verspannungen.
- Vermeiden Sie alles, was träge macht. Bewegen Sie sich, gehen Sie spazieren, joggen Sie, fahren Sie Rad, machen Sie Bodybuilding. Das unterstützt den Kreislauf, verbessert den Muskeltonus und bringt Sie weg von den Gedanken, die das Leben zäh und langweilig machen.

Entspanne im Alltag! Entspanne!

Abhängigkeit

Was das Rauchen und den Alkohol anbelangt, vertreten wir die Ansicht, dass Meditation den negativen Nebenwirkungen beider bis zu einem gewissen Grad entgegenwirken kann, aufheben kann Meditation diese schädlichen Wirkungen allerdings nicht.[41] Gelegentlicher Konsum sollte kein Problem darstellen, Abhängigkeit hingegen ist ein Problem. Ein Mensch, der meditiert, um freier zu werden, dem stehen jegliche Sucht und Abhängigkeit naturgemäß in seinem Vorhaben entgegen. Also schafft er sie ab. Prüfen also auch Sie, ob Sie ohne können. Wenn Sie Alkohol trinken möchten, tun Sie es bewusst. Achten Sie auch unter Alkohol darauf, entspannt zu bleiben. Können Sie das nur bis zu einem gewissen Grad, dann hören Sie früh genug auf. Wenn Sie

---

41) Abgesehen natürlich von dem Fall, in dem Sie die Meditation dazu bringt, nicht mehr zu rauchen und keinen Alkohol mehr zu konsumieren.

regelmäßig meditieren, kann Alkoholkonsum sich anders als bisher gewohnt auf Sie auswirken. Früher konnten Sie seine bewusstseinsverändernden Wirkungen mit Verspannungen abblocken, das geht nun nicht mehr, und Sie werden vielleicht schneller trunken. Bleiben Sie bewusst, entscheiden Sie rational, was sinnvoll ist und was Sie tun sollten.

4.2.1.2. Meditationskleidung

Frisch und sauber

Wie der Körper, sollte auch die Meditationskleidung immer frisch und sauber sein. Wählen Sie Kleidung aus, die locker sitzt, nicht kneift, in der Ihre Haut gut atmen kann.[42] Wenn möglich, verzichten Sie auf Unterwäsche, sie sitzt zu eng. Wechseln Sie Ihre Kleidung lieber häufiger.

> *Tragen Sie lockere Kleidung aus Naturfasern oder atmungsaktiven Stoffen!*

Sportkleidung

Unserer Erfahrung nach ist gute Sportkleidung die beste Meditationskleidung. Sie ist bequem, kneift nicht und die Haut kann in ihr gut atmen.

---

42) Das empfiehlt sich auch hinsichtlich Ihrer Alltagskleidung. Es ist erschreckend zu sehen, wie viele Frauen und Männer ihren Körper mit Kleidung regelrecht malträtieren, Durch kneifend enge Hosen, hohe Schuhe, enge Gürtel, Synthetik-Stoffe (in denen man so richtig schön schwitzt) und so weiter betteln sie geradezu um Verspannungen.

Meditative Stimmung

Mit Hilfe Ihrer Kleidung können Sie Ihre meditative Stimmung unterstützen: Tragen Sie, wenn möglich, Ihre Meditationskleidung nur in der Meditation. So bringt Sie das Anziehen und Tragen dieser Kleidung bereits in die besondere Stimmung der Konzentration.

Wenn es warm genug ist und es Ihnen gefällt, können Sie in der Meditation auch ganz auf Kleidung ganz verzichten.

4.2.1.3. Nahrung

Zum Thema Nahrung gibt es die wildesten Theorien. Der Eine schwört auf Fleisch, der Andere auf vegetarisch, der nächste macht dauernd Diäten ...

Ernährung nach somatischer Intelligenz

Durch das Meditieren verändert sich langsam und allmählich Ihr Geschmack – wie alle Sinne, wird auch Ihr Geschmackssinn schärfer. Lassen Sie einfach mal den ganzen Kram mit den Diäten und den Ernährungstheorien und achten Sie auf sich selbst.[43] Sie werden feststellen, dass Ihr Körper sehr gut weiß, was gut für ihn ist und was nicht. Sie werden ebenso feststellen, dass Sie sich nicht mehr auf eine bestimmte Geschmacksrichtung einstellen müssen: Ihr Geschmack wird vielseitiger, aber auch schlichter und weniger bedürfnisorientiert.

Essen Sie bewusst!

---

43) Ausgenommen natürlich Ihr Gesundheitszustand macht eine spezielle Diät erforderlich.

Informieren Sie sich über die Zusammensetzung von Nahrungsmitteln. Achten Sie, wenn Sie Appetit haben darauf, wie Sie sich ansonsten fühlen. Bevor Sie essen, schmatzen Sie und fragen Sie sich, was Sie gerade möchten. Essen Sie nicht einfach drauflos! Essen Sie niemals soviel, dass Sie danach voll sind! Kaufen Sie frische Nahrungsmittel, Ihre Zunge wird es Ihnen danken, denn auf Sicht gesehen wird sie mit Pökelsalz, naturidentischen Aromastoffen und dergleichen auf dem Kriegsfuß stehen.

Einige Essensregeln im Überblick:

- Essen Sie, wenn Sie Hunger haben – nicht nach der Uhr!
- Essen Sie soviel, wie Ihnen schmeckt – aber stopfen Sie sich nicht voll.
- Essen Sie niemals direkt vorm Yoga, vor der Meditation oder vorm Sport.
- Wenn Sie gerade meditieren wollen und merken, dass Sie einen völlig leeren Magen haben, der dazu auch noch knurrt, dann essen Sie etwas Obst.
- Essen Sie das, was Ihnen schmeckt – forschen Sie!
- Schmecken Sie genau hin, schärfen Sie Ihre Geschmacksnerven.
- Kauen Sie bewusst. Viele Menschen schlingen ihr Essen fast unzerkaut hinunter – der arme Magen.
- Ersetzen Sie vor den Meditationen Kaffee durch Tee. Koffein hält nur kurzfristig wach und erregt leicht – die geringeren Mengen im Tee wirken längerfristig und gleichmäßiger. Sollten Sie weder Tee noch Kaffee trinken, fühlen Sie sich hierdurch nicht dazu motiviert, damit anzufangen.

- Lernen Sie kochen.

Wenn Sie diese Regeln befolgen, werden Sie überrascht sein, wie sich Ihre Ernährungsweise ändert. Sie kommen mit viel weniger Nahrung aus als früher. Dennoch ernähren Sie sich gesünder. Und sollten Sie doch einmal ‚über die Stränge schlagen', wird der durch Meditation und Sport verbesserte Stoffwechsel die überschüssigen Kalorien nicht gleich in Fett einlagern.

Schärfung der Sinne

Dass sich Ihre Sinne schärfen, werden Sie mit Überraschung und Freude sehr schnell bemerken. Wir hatten unser Schlüsselerlebnis diesbezüglich nach einem unserer ersten Meditations-Weekends:
Unser Weekend war vorbei. Wir hatten das Abendbrot vorbereitet, auf dem Tisch lagen Tomaten, wir griffen zu und machten zum ersten Mal eine wirklich kulinarische Erfahrung: Noch nie in unserem Leben war uns diese Geschmacksfülle aufgefallen. Es war wie eine Explosion der Sinne, eine einfache Tomate kam uns vor wie die Erfüllung aller Träume.

4.2.2. Der Meditationsraum

Der Raum, in dem Sie meditieren, ist von besonderer Bedeutung. In ihm schaffen Sie die Atmosphäre für Erfolg. Deshalb sollten Sie ihn mit besonderem Bedacht auswählen und einrichten.

4.2.2.1. Örtliche Lage

Ruhige Lage

Wählen Sie einen ruhig gelegenen Raum. Wenn Sie können, nutzen Sie diesen Raum nur noch für Meditationen. Er sollte abseits von der Straße liegen und kein Durchgangszimmer sein. Wenn Sie mit anderen Personen zusammen wohnen, dann wählen Sie einen Raum, in dem Sie nicht gestört werden. Um sicher zu gehen, informieren Sie Ihre Mitbewohner darüber, wann Sie meditieren und nicht gestört werden wollen. Da Menschen vergesslich sind, hängen Sie noch ein Extra-Schild an die Tür.

Wählen Sie Ihren Meditationsraum mit Sorgfalt aus!

Schlafzimmer = Schlaf-Zimmer!

Im Allgemeinen sind Schlafzimmer nicht für Meditationen geeignet. Allein das Sehen eines Bettes erinnert einen daran, dass geschlafen werden kann. Wenn Sie aber keinen anderen Raum zur Verfügung haben, dann richten Sie sich in möglichst großer Entfernung vom Bett eine Meditations-Ecke ein. Meditieren Sie immer mit dem Rücken zum Bett, damit Sie es nicht sehen können. Wenn Geld über ist, kaufen Sie sich einen Paravan, um die Ecke abzutrennen.

Ihr Meditationsraum ist heilig! Lassen Sie also niemanden hinein, der nicht selbst meditiert.

4.2.2.2. Einrichtung

Heilig, heilig, heilig

Was stimmt Sie ruhig? Was wirkt auf Sie heilig und besinnend? Das sind die Gegenstände, die Sie in Ihren Meditationsraum stellen können! Machen Sie ihn aber nicht zu bunt, das lenkt ab. Die ganze Atmosphäre sollte Ruhe und Besinnlichkeit, Konzentration und Heiligkeit ausstrahlen.

Allgemeine Regeln

- Mögen Sie Kerzenlicht? – Dann stellen Sie eine Kerze auf.
- Sind Sie Christ, Buddhist, Mohammedaner, ...? Dann stellen Sie ein Sinnbild auf, das Sie an Ihren Glauben erinnert.
- Meditieren Sie nicht bei elektrischem Licht. Zu Anfang gilt: je dunkler, desto weniger Ablenkung. Wenn Licht, dann klares Sonnenlicht.

4.2.2.3. Räucherungen

Stimmungen

Gerüche wirken ganz enorm auf unsere Stimmungen. Deshalb können Sie Räucherungen verwenden, um eine konzentrative Atmosphäre zu schaffen. Experimentieren Sie ruhig ein wenig herum. Probieren Sie anregende und beruhigende Räucherungen. Sie können dann je nachdem, wie Sie sich fühlen, Räucherungen als Gegenmittel einsetzen. Wenn Sie aufgeregt sind, räuchern Sie einen warmen und beruhigenden Duft. Sind Sie müde, dann wählen Sie etwas Anregendes.

Wählen Sie Räucherungen sorgfältig aus!

Unsere Empfehlung:

Keine Billig-Räucherungen! Probieren Sie einmal schwarz-goldenen Kirchenweihrauch (Olibanum Lourdes) aus. Er ist im Winter sehr angenehm. Im Sommer wirkt weißer Weihrauch wie Aden oder Eritrea besser. Natürlich brauchen Sie auch ein gutes Weihrauchgefäß. Räuchern Sie nie so, dass der Rauch beißt, er soll sich sanft in der Luft verteilen. Kohle-Räucherungen eignen sich zur Grundreinigung der Luft – während Meditationen sind sie zu scharf. Ätherische Öle riechen oft sehr intensiv (verwenden Sie auch hier nur naturreine). Schwere Düfte sollten Sie eher nicht benutzen, sie ermüden, obwohl sie manchmal auch nützlich sein können, um die Entspannung zu fördern. Einen angenehm leichten Duft verbreitet eine Minz-Orangenöl-Mischung – er wirkt anregend und beruhigend zugleich. Möchten Sie Räucherstäbchen brennen, kaufen Sie keine billigen. Empfehlenswert sind schlichte aus Japan, China oder Nepal oder auch sehr reine aus z.B. Zeder oder Sandelholz. Auf dem Markt erhältliche Räucherstäbchenmischungen (z.B. „Chakra-Räucherungen") eignen sich für die Meditation nicht.

4.3. Meditationsrhythmik

Kontinuität + Wille

Zwar lernen Sie durch Meditation Kontinuität und Wille, aber ohne Abwechslung kann auch das mal langweilig werden. Abwechslung kann Stagnation entgegenwirken, zu viel Abwechslung jedoch kann vom Wesentlichen ablenken. Meditation wird schneller die gewünschte Wirkung zeigen, wenn Sie sie durch begleitende Techniken unterstützen. Im Folgenden gehen wir auf unterschiedliche Meditationen und passende Ergänzungstechniken ein.

4.3.1. Meditationen wechseln

Obgleich es wichtig ist, sich für eine längere Zeit auf nur eine Meditation einzustellen, muss man sein Meditationstraining ab und an durch Abwechslung auflockern. Die Zeit für eine Auflockerung ist gekommen, wenn Sie zum Beispiel bemerken:

- „Bereits seit einer Woche habe ich keine Verbesserung meiner Konzentration mehr zu verbuchen."
- „Meine Entspannung lässt stark zu wünschen übrig."
- „Ich bin müde, abgeschlafft ... gelangweilt."

Wenn Sie so oder ähnlich denken, ersetzen Sie eine (!) Ihrer täglichen Meditationen durch eine andere. Auf keinen Fall sollten Sie ganz von Ihrer Basismeditation ablassen. Sie werden sehen, dass allein durch diese kleine Abwechslung auch Ihre Basismeditation wieder neuen Schwung bekommt – es wird wieder aufwärts gehen.

4.3.1.1. Konzentrationsmeditationen

MO

Die Konzentrationsmeditation ist die Meditation, die wir im eigentlichen Sinne als Meditation verstehen. Das bei der Konzentrationsmeditation verwendete Meditationsobjekt, zum Beispiel ein Mantra wie SCHIAMA, ist stets klar eingrenzbar, es hat in jedem Moment einen Anfang und ein Ende. Diese Eigenschaft des für die Konzentrationsmeditation geeigneten Meditationsobjektes (MO) ermöglicht es Ihnen, das MO zu fokussieren und über diesen Vorgang sozusagen Ihre Konzentration auf das gewünschte Maß einzustellen.

In der Konzentrationsmeditation meditieren Sie mit Hilfe eines klar definierbaren MOs auf Ihre Konzentration.

Unterstützend zur Konzentrationsmeditation können Sie Entspannungs- und Intensitätsmeditationen durchführen. In der Entspannungsmeditation regen Sie durch breitflächige und vielschichtige Aufmerksamkeit, manchmal gar durch bewusstes Defokussieren, Ihre Entspannung an: Sie meditieren auf Körperentspannung. In der Intensitätsmeditation produzieren Sie durch kontrollierte körperliche Belastung Intensität, die sich in Ekstase auflöst: Sie meditieren auf Intensität und Ekstase.

Entspannungsmeditation heißt Meditation auf Entspannung.
Intensitätsmeditation heißt Meditation auf Intensität.

Wir können für die Konzentrationsmeditation geeignete MOs nach Repräsentationssystemen einteilen. Dementsprechend reden wir von visuellen, auditiven, kinästhetischen, olfaktorischen und gustatorischen MOs. Hier eine kleine Auswahl möglicher MOs, sortiert nach Repräsentationssystemen:

Visuelle MOs:

- Eine blaue Scheibe, ca. 30 cm Durchmesser. Sie sollte erst mit offenen Augen angesehen, später mit geschlossenen Augen imaginiert werden.
- Vexierbilder. Diese Bilder, die räumliche Verschiebungen suggerieren, sind sehr interessant, um das Denken anzuregen und umzulenken. Wer es kann, sollte auch hier probieren, sie mit geschlossenen Augen zu imaginieren. Das gilt für alle visuellen MOs.
- Geometrische Figuren.
- Farben.

Ihr Konzentrations-MO sollte möglichst einfach gehalten sein. Zu komplexe MOs lenken leicht ab, sind schwer zu behalten und können einen schnell zu Tagträumereien verleiten. Natürlich können Sie, um Ihre Imaginationsfähigkeit gezielt zu verbessern, auch ab und an mit komplexen MOs arbeiten, für die Überprüfung und Steigerung Ihrer Konzentration jedoch gilt: Je schlichter das MO, desto besser.

Auditive MOs:

- Hierzu gehören alle Mantras.
- Sie können jedes Wort einer Sprache oder auch ein Kunstwort als Mantra verwenden. Auch Wortketten funktionieren. Aber Sie sollten Ihr Mantra nach dem Klang auswählen. Sprechen Sie es, hören Sie, denken Sie es und testen Sie so aus, ob es für Sie geeignet ist. Orientieren Sie sich nicht an der möglichen Bedeutung des Mantras. Das lenkt nur ab: Hermeneutik in der Meditation ist die Schnellstrasse in den nächsten Tagtraum.

- Für die Konzentrationsmeditation gut geeignete Mantras sind:
  AUM, OM, OM MANI PADME HUM, MANI, PADME,
  HUM, AUM TAT SAT, SCHIRIM, KIRIM, HIRIM, SCHI-
  RING, KIRING, HIRING, SCHIAM, HIAM, KIAM,
  SCHIAMA, HIAMA, KIAMA und ähnliche.

- Im Grunde können Sie jeden Laut, jede Lautfolge als Mantra
  benutzen. Wählen Sie das Mantra Ihrer Konzentrationsmeditation sorgsam aus. I-Laute wirken anregend, A-Laute beruhigend. Sind Sie also eher ein ruhiger Typ, dann wählen Sie ein
  anregendes Mantra, sind Sie eher nervös, dann wählen Sie ein
  ruhiges. Bevor Sie sich für ein Mantra entscheiden, lassen Sie
  sich mehrere zum Ausprobieren am besten erstmal auf der Zunge zergehen, sprechen Sie sie laut und leise, dann wählen Sie
  gut!

Kinästhetische MOs:

- Als MO wird ein Körperteil gewählt: Hand, Finger, Fuß,
  Zeh, Schädeldecke, Augen, Augenhintergrund (Netzhaut), ...
  Körper-MOs sind gut geeignet, um Verspannungen zu lösen.
  Zu diesem Zweck funktioniert auch das Meditieren auf ganze Körperbereiche: Schultern, Rücken, Hals, Beine, ... Jedoch
  auch etwas Vorsicht ist geboten: Insbesondere wenn Sie Meditationsanfänger sind oder nur gelegentlich meditieren, raten
  wir Ihnen davon ab, auf lebenswichtige Organe zu meditieren.
  Ferner sollten Sie wissen, dass bei der Meditation auf Körper-
  MOs sehr schnell hohe Intensitäten entstehen können. Das ist
  gut, will aber auch verkraftet und verarbeitet werden können.

- Atembeobachtung Bauch und Atembeobachtung Nase. Zwei sehr wichtige MOs. Wir werden sie in Kapitel 5 noch genauer besprechen.

Olfaktorische MOs:

- Wählen Sie einen Geruch und konzentrieren Sie sich auf ihn. Anfangs real, später imaginativ.
- Rosenduft, Weihrauch, ätherische Öle, ...

Gustatorische MOs:

- Gut geeignet für Menschen, deren Geschmacksnerven unterentwickelt sind.
- Wählen Sie einen besonderen Geschmack aus und konzentrieren Sie sich auf ihn. Anfangs real, später imaginativ.

4.3.1.2. Entspannungsmeditationen

Passende Auswahl

Es gibt eine Unzahl spezieller Entspannungsmeditationstechniken. Einige sind brauchbar, andere sind es nicht. Wie viele Sie kennen müssen oder wollen, ist sicherlich auch eine Frage Ihres persönlichen Geschmacks. Experimentieren wird Ihnen die Erfahrung bringen, um zu entscheiden, welche Sie sinnvoll für sich einsetzen können. Im Laufe der Jahre haben wir eine Menge Entspannungsmeditationen ausprobiert. Die unserer Ansicht nach grundlegendsten und effektivsten wollen wir hier kurz vorstellen. Zwei dieser Meditationen erfordern ausführliche Erläuterungen, welche wir Ihnen in Kapitel 5 geben werden.

Körpermeditation:

- Siehe Kapitel 5.
- Gut geeignet für Anfänger und als Vorbereitung für Autogenes Training.

Fallen:

- Dient der Vertiefung der Körpermeditation und des Autogenen Trainings.
- Sie wiederholen einfach immer wieder die Formel: „Mein Körper fällt ganz sanft immer tiefer und tiefer."
- Achtung: Einschlafgefahr!

Autogenes Training:

- Siehe Kapitel 5.
- Für Anfänger der Meditation eher ungeeignet.
- Sehr gut zur Vertiefung der Entspannung und zur Vorbereitung von Konzentration.

Hemisync-Musik & Mind-Machines:

- Eine spezielle Musik, die die Hirnhälftensynchronisierung anregt.
- Mind-Machines können Sie gut einsetzen, um Tiefenentspannung zu induzieren. Wir verwenden nur Mind-Machines, die wir auch selbst programmieren können, bzw. deren Programme getestet und nachvollziehbar sind. Wir raten Ihnen, das ebenso zu halten.
- Hemisync-Musik und Mind-Machines sind als Ergänzung zur Konzentrationsmeditation geeignet.

Breath-Relaxing:

- Diese Technik hilft Ihnen, locker, leicht und tief in den Bauch zu atmen. Es empfiehlt sich, sie so lange vor jeder Meditation zu machen, bis sie Ihnen in Fleisch und Blut übergegangen ist.

- Atmen Sie einfach mit geschlossenen Augen so lange aus, bis der Einatemreflex einsetzt.

- Dann atmen Sie tief ein, in Ihren Bauch, so lange bis der Ausatemreflex einsetzt.

- Atmen Sie auf diese Art weiter, immer tiefer, immer ruhiger, bis es sich ganz natürlich anfühlt und sich Ihre Atmung (fast) ohne Ihr Zutun immer weiter beruhigt und vertieft. Dann gehen Sie zu Ihrer Konzentrationsmeditation über.

- Möglicherweise müssen Sie etwas Geduld aufbringen, um diese Atemtechnik zu erlernen: Viele Menschen haben extrem starke Bauch- und Brustkorbverspannungen – kein Wunder bei dem ganzen „Bauch rein, Brust raus!"-Gerede. Deshalb kann's anfänglich sogar etwas weh tun. Das gibt sich, üben Sie einfach weiter. Selbst wenn Sie meinen, es geht nicht mehr, halten Sie länger durch! Der Erfolg wird sich einstellen. Sie können den Lernprozess unterstützen und beschleunigen, indem Sie auch im Alltag darauf achten, dass sich Ihre Bauchdecke beim Einatmen hebt und beim Ausatmen senkt. Das sollte allerdings nicht durch Muskelanstrengung geschehen. Lassen Sie es locker passieren. Sehen Sie sich eine Katze an: Sie atmet ein, der Unterbauch hebt sich, dann der mittlere Bauch, schließlich der Brustkorb. Sie atmet aus, der Brustkorb senkt sich, dann der mittlere Bauch und schließlich der Unterbauch. Das ist natürliche Atmung!

Entspannungs-CDs?

Wir raten generell: Finger Weg von Entspannung aus der Konserve! Sie können nie genau wissen, was Ihnen da überhaupt eingetrichtert wird. Wenn Sie lernen wollen, sich zu entspannen und saubere Tiefenentspannung zu erreichen, müssen Sie lernen, Entspannung selbstständig hervorzubringen. Sie müssen lernen, wie genau Sie selbst bereits Entspannung hervorbringen, und dann, wie Sie willentlich Entspannung hervorbringen können. Das Prinzip begriffen, können Sie beginnen, Ihre Entspannung zu vertiefen, ohne auf einen äußeren Anlass angewiesen zu sein. Entspannung aus der Konserve, zum Beispiel in Form von CDs, kann Ihnen diese Fähigkeit nicht ersetzen. Sicherlich gibt es auch einige brauchbare Konzepte, die versuchen, Entspannung von außen zu induzieren. Wenn Sie sie einsetzen wollen, achten Sie darauf, dass Sie sich nicht von ihnen abhängig machen. Letzten Endes können nur Sie selbst sich entspannen: Entspannung ist ein aktiver Prozess.

4.3.1.3. Intensitätsmeditationen

Intensität

Spätestens wenn Sie das erste Mal 3 Stunden Asana gesessen haben, wissen Sie, was Intensität bedeuten kann. Vielleicht interpretieren Sie sie als Schmerz ... aber eigentlich hat Schmerz doch die Funktion, uns vor bevorstehendem Schaden zu warnen ... in der Meditation jedoch ist diese Warnung völlig unangebracht: Wir haben bereits 12 Stunden meditiert und sind danach lebendig und heil zurückgekehrt. Doch genug von Schmerz, er ist eine Störung. Fühlen Sie genau hin und spüren Sie Intensität.

*Intensität ist ein Maß für den Erfolg, mit dem ein
Phänomen versucht, uns dazu zu motivieren, ihm immer
mehr Aufmerksamkeit zu schenken.*

Na?! Wer erzeugt Intensität?! – „Ich."
Und von wem wünschen Sie sich die meiste Intensität?! – „Vom MO
natürlich!"

Weniger Angst

Wer meditiert, steigert seine Fähigkeit, mit intensiven Erlebnissen fertig zu werden. Dadurch wird er weniger ängstlich und muss sich weniger behaupten – er weiß, was er kann.

Zwei Arten Intensitätsmeditation

Wir unterscheiden zwei Arten der Intensitätsmeditation:

- 1. Meditation auf Ekstase.
- 2. Meditation auf Prana.

In diesem Buch ist die zweite Art der Intensitätsmeditation, die Meditation auf Prana, die für unsere Zwecke relevanteste.

Lebensenergie

„Prana" ... so nennen die Inder die Energie, die alles Leben erschafft und erhält und in allem Leben enthalten ist. „Qi" sagen die Chinesen. Und wo spürt man diese Lebensenergie am schnellsten und direktesten? – Im Atmen. Atmen ist Leben, Atmen ist „Prana". Wer locker und entspannt atmet, ist energetischer, weniger verspannt, ausgeglichener, gesünder, kräftiger, klarer. Prana-Meditationen steigern die Lebensfreude und den Willen enorm!

Und los geht's: Lernen Sie jetzt, wie Sie auf Prana meditieren können, lernen Sie, wie Sie *Pranayama* machen können!

Der vierfache Atem:

Übungsanweisung

- Stehen Sie aufrecht in Ihrem Meditationsraum.
- Ihre Arme und Schultern hängen locker.
- Ihr Atem geht ruhig und tief in den Bauch.
- Ihr Bauch wird entspannt.
- Schließen Sie Ihre Augen.
- Atmen Sie langsam, ganz langsam aus. Zählen Sie dabei bis 10.
- Wenn Sie vollständig ausgeatmet haben, halten Sie den Atem an. Zählen Sie wieder langsam bis 10.
- Atmen Sie nun langsam, ganz langsam wieder ein. Zählen Sie dabei bis 10.
- Halten Sie die Luft nach dem Einatmen an. Zählen Sie bis 10.
- Atmen Sie langsam bis 10 zählend aus.
- usw.

Wenn es Ihnen nicht gelingt, diesen Atemzyklus 10mal zu wiederholen, in jeder Phase bis 10 zählend, dann beginnen Sie mit einer kleineren Zahl. Beginnen Sie mit 5, aber machen Sie auf jeden Fall mindestens 10 Zyklen. Morgen können Sie die Phasen-Zahl auf 6 steigern, übermorgen auf 7 ... bis Sie 10 schaffen. Lernen Sie auf diese Weise, ruhig und stabil und ohne Atemnot zu atmen. Wenn Sie das können und weiter steigern wollen, tun Sie sich keinen Zwang an ... aber achten Sie darauf, dass Ihr Atem auch bei höheren Rhythmen ruhig und kontinuierlich bleibt. Wahrscheinlich werden Sie bei dieser Übung ins Schwitzen kommen. Der Körper kann zu zucken und zu vibrieren beginnen. Locker bleiben! Das ist die Lebensenergie!

Schwindlig?

Wenn Ihnen bei der Übung schwindlig oder übel wird, dann entspannen Sie sich nicht ausreichend oder Ihr Kreislauf ist einfach zu schlapp. Sport und kontinuierliche Meditation werden ausreichen, um die Sache in den Griff zu bekommen. Sollten Sie allerdings ernstlich krank sein, dann fragen Sie Ihren Arzt, ob Sie diese Meditation durchführen dürfen!

Pranayama-Vorbereitung:

Wenn Sie den vierfachen Atem beherrschen, können Sie mit der Pranayama-Vorbereitung beginnen. Sie brauchen nur noch einen großen Wecker mit Sekundenzeiger[44] und dann kann's losgehen:

Übungsanweisung:

- Nehmen Sie Ihr sitzendes Asana (vgl. Kapitel 5) ein.
- Machen Sie Breath-Relaxing.
- Führen Sie nun die rechte Hand gestreckt an Ihr rechtes Nasenloch und schließen Sie es mit dem Daumen (Nasenflügel gegen die Nasenscheidewand drücken, nicht zu fest). Die andere Hand bleibt im Asana.

---

44) Später, wenn Sie Pranayama beherrschen, können Sie auch eine Digitaluhr benutzen. Aber zu Anfang sollten Sie eine relativ große Uhr mit Sekundenzeiger nehmen. Haben Sie keine, achten Sie beim Kauf darauf, dass die Uhr nicht (zu laut) tickt, das kann nämlich sehr stören.

- Atmen Sie durch das linke Nasenloch 15 Sekunden lang ein.
- Legen Sie die rechte Hand zurück ins Asana und halten Sie die Luft für 15 Sekunden!
- Führen Sie die linke Hand an das linke Nasenloch, schließen Sie es mit dem Daumen (Nasenflügel gegen die Nasenscheidewand drücken, nicht zu fest) und atmen Sie 15 Sekunden lang durch das rechte Nasenloch aus.
- Lassen Sie die linke Hand, wo sie ist und atmen Sie 15 Sekunden lang durch das rechte Nasenloch ein.
- Linke Hand zurück ins Asana und die Luft 15 lang Sekunden halten!
- Rechte Hand ans rechte Nasenloch, 15 Sekunden aus, 15 Sekunden ein, Hand wieder ins Asana und 15 Sekunden halten.
- Machen Sie nach diesem Schema weiter. 1 Stunde lang.

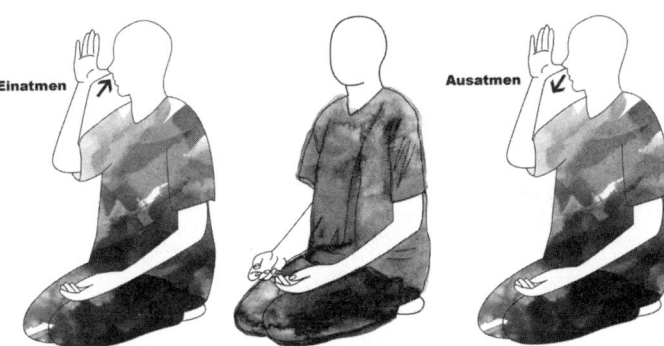

Abb. 4. Pranayama (1) *Abb. 5. Pranayama (2)* *Abb. 6. Pranayama (3)* →

189

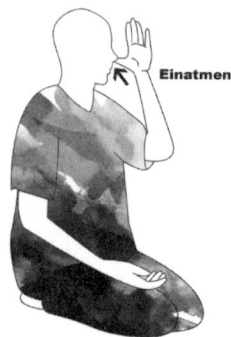

Abb. 7. Pranayama (4)

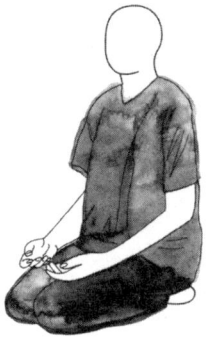

Abb. 8. Pranayama (5)

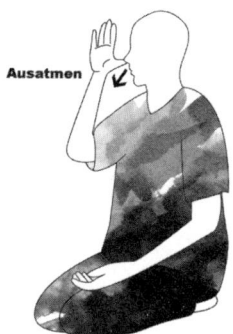

Abb. 9. Pranayama (6) →

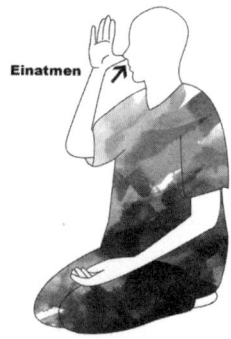

Abb. 10. Pranayama (7)

Üben Sie diesen 15/15/15-Rhythmus regelmäßig, bis Sie ihn beherrschen. Dann können Sie steigern, und zwar auf: 10 Sekunden Einatmen, 30 Sekunden Halten, 20 Sekunden Ausatmen.

Noch ein Tipp: Versuchen Sie nicht, beim Halten den Luftfluss mit Ihren Hals- oder Brustmuskeln abzuklemmen. Das wird nicht funktionieren und führt zu Verspannungen. Benutzen Sie Ihr Zwerchfell.

Regulieren Sie Ihre Atmung mit dem Zwerchfell –
Einatmung, Halten und Ausatmung.

Pranayama:

Richtiges Pranayama

Wenn Sie die Pranayama-Vorbereitung mit dem Rhythmus 10/30/20 eine Stunde lang schaffen, können Sie mit dem richtigen Pranayama beginnen. Die technische Ausführung haben Sie in der Pranayama-Vorbereitung gelernt. Jetzt werden sie andere und höhere Rhythmen atmen.

Sie berechnen die Pranayama-Rhythmen – Einatmen, Halten, Ausatmen – folgendermaßen: x, 4x, 2x.

Sinnvolle Pranayama-Rhythmen

- Der erste Pranayama-Rhythmus: 10 ein, 40 halten, 20 aus.
- Der nächste: 15 ein, 60 halten, 30 aus.
- Der nächste: 20 ein, 80 halten, 40 aus.
- Der nächste: 25 ein, 100 halten, 50 aus.
- Der nächste: 30 ein, 120 halten, 60 aus.
- usw.

Diese Zahlen werden sich für Sie wahrscheinlich recht hoch anhören. Fangen Sie klein an und steigern Sie langsam. Springen Sie nicht zwischen Rhythmen hin und her. Erlernen Sie einen Rhythmus und gehen Sie dann zum nächst höheren über. Bei langen Meditationen, in denen Ihr Körper seinen Stoffwechsel massiv reduziert und beruhigt, sind noch höhere Rhythmen möglich als die hier aufgelisteten.[45] Wenn Sie auf hohe Rhythmen „pranen" wollen, beginnen Sie mit einem relativ niedrigen Rhythmus, um sich aufzuwärmen und erhöhen Sie stufenweise, bis Sie den Ihnen möglichen erreicht haben. Die Steigerung des Pranayama-Rhythmus ist kein Kampf, kein Luftanhaltewettbewerb. Ganz im Gegenteil, wenn Sie es richtig machen, werden Sie mit jeder Steigerung indifferenter werden, bis es fast egal ist, ob Sie einen noch höheren (ruhigeren) Rhythmus pranen – „wenn Sie fliegen, fliegen Sie eben ... mal ein bisschen höher, mal ein bisschen tiefer, mal etwas schneller, mal etwas langsamer ... ist doch alles Fliegen ..." .

4.3.2. Ergänzungen zur Meditation

4.3.2.1. Yoga und Bioenergetik

Yoga ist, grob gesagt, ein im indischen Kulturraum entwickeltes Körperübungs-, Denk- und Lebenssystem. Meditation gehört natürlich dazu. Viele der speziellen Körperübungen des Yoga können Sie auch ganz losgelöst vom ideologischen Hintergrund schlicht „sportlich" zum Lösen von Verspannungen und Kräftigen und Dehnen der Bänder, Sehnen und Muskeln einsetzen.

Bioenergetik ist eine westliche Form des Körper-Yoga, angepasst auf die Verspannungsmuster des Westlers.

---

45) Das geht, weil bei korrekt ausgeführtem Pranayama die Sauerstoff-Versorgung in keiner Phase wirklich aussetzt.

Ideale Mischung

Beide zusammen ergeben eine ideale Übungs-Mischung, um gezielt Muskelverspannungen zu lösen und Bänder, Sehnen und Muskeln für die Anforderungen des Asana zu trainieren.

Yoga und Bioenergetik lockern und kräftigen Muskeln, Sehnen und Bänder.

Exaktheit

Um aus Yoga und Bioenergetik einen möglichst großen Nutzen zu ziehen, sollten Sie sich bemühen, beide möglichst exakt zu praktizieren. Besorgen Sie sich gute Bücher zu den Themen. Nehmen Sie sich für jede Übung Zeit. Begreifen Sie, was Sie tun. Wenn möglich, lernen Sie anfangs zu zweit, so dass der Eine den Anderen in seiner Übungsausführung korrigieren kann.

Übungszeit

Schon eine halbe Stunde Yoga oder Bioenergetik täglich kann Wunder wirken. Ihr Asana wird es Ihnen danken: Es schmerzt weniger, wird schneller fest und sicher.

4.3.2.2. Massagen

Mit Massagen können insbesondere kleinere Verspannungsknoten schnell beseitigt werden. Besorgen Sie sich Literatur zum Thema. Do-In ist eine leicht erlernbare, akupressurähnliche Massagetechnik, die sich als sehr wirksam erwiesen hat.

Selbst erlernen

Lernen Sie auf jeden Fall selbst zu massieren. Lassen Sie sich nicht nur massieren. Ein allgemeiner praktischer Rat: Egal welche Massage-Technik Sie verwenden, massieren Sie von unten nach oben, nicht umgekehrt. Unserer Erfahrung nach ,wandern' Verspannungen, und zwar von unten nach oben. Massieren Sie also zuerst den Nacken und danach die Waden, ist der Nacken anschließend wieder hart ...

4.3.2.3. Kopftraining

Wie wichtig die Schulung des Denkvermögens ist, kann gar nicht oft genug wiederholt werden. Je intensiver und länger Sie meditieren, desto wichtiger wird es, dass Sie Ihre Denkleistung den Phänomenen anpassen.

Kopftraining schafft Verhaltensvielfalt!

Vollkommen Neues

Was Sie durch Meditation erleben werden, übersteigt alles, was Sie bislang erforscht haben. Es gibt keine andere Technik, mit der Sie kontrolliert „dem Tode und dem Leben näher kommen" können, und es gibt keine Wahrheit, die Ihnen dabei helfen kann, diese Erfahrung zu verarbeiten. Was Sie brauchen, ist die Fähigkeit, verschiedene Beobachterperspektiven einzunehmen, blitzschnell zu urteilen, klar und logisch zu denken, Ordnungen zu erstellen, Modelle zu entwerfen, zu rechnen, zu hypothetisieren, und dann ebenso schnell, gut und passend zu handeln.

Abwehrreaktionen

Hier ein paar typische Beispiele dafür, was passieren kann, wenn man meditiert und sein Kopftraining vernachlässigt. Soweit möglich, versuchen wir auch Abhilfen anzugeben:

Guru-Glaube:

Der Meditierende verlässt sich auf seinen Meister. Er denkt: „Der Meister weiß alles gut und richtig, ohne ihn geht es nicht." Und wie der Meditierende, so der Meister: „Ohne mich geht es nicht."

Abhilfe:

Zweifel am Meister. Eine Situation ohne Alternative ist lebensbedrohlich und muss geändert werden. Rationale Argumentation. Selbst andere in Meditation ausbilden.

Astral-Glaube[46]:

Der Meditierende hat eine „Astralerfahrung", die ihn glauben macht, er sei unsterblich. Er verfestigt diese Erfahrung, indem er immer weniger weiterforscht.

Abhilfe:

Hinterfragen, Forschen. Beschäftigung mit Biologie, Kosmologie, Physik, insbesondere Relativitätstheorie und Quantenphysik, Mathematik und Erkenntnistheorie.

---

46) Viele, die eine Astralkörpererfahrung machen, beschreiben ihren Astralkörper und seine Umgebung auf eine für sie charakteristische Weise. Oft denken Sie, dass dieser Körper so ist, wie er ist, ebenso wie seine Umgebung. Unserer Erfahrung nach jedoch ist ein „Astralkörper" keine fertige Form, sondern stets veränderlich und steigerbar!

Reinkarnations-Glaube:

Der Meditierende erlebt in einer Meditation, schon mehrfach gelebt zu haben. So interessant dies Phänomen auch sein mag, es bleibt unbeweisbar. Häufiges Resultat sind Halluzinationen und Egoverkrustung, anstelle von kreativem und vielfältigem Wachstum. Die meisten „Reinkarnations-Freaks" verwenden ihre „Reinkarnations-Erfahrungen" dafür, um erklären zu können, weshalb sie in diesem Leben diese oder jene Probleme haben, welche für sie aus diesem oder jenen Grunde nicht durch eigenes Handeln lösbar sind.

Abhilfe:

Beschäftigung mit Psychologie, Geschichte, Sozialtheorie, insbesondere mit der Theorie sozialer Systeme. Beschäftigung mit dem Konzept der psychischen und physischen Unmöglichkeit, jemand anders zu sein, als man selbst.

Ekstase-Glaube:

Die ersten Ekstase-Erfahrungen werden gemacht und erscheinen als das Erstrebenswerteste überhaupt. Danach stagniert die Meditation.

Abhilfe:

Beschäftigung mit rationaler Argumentationslehre zwecks Elimination mystischer Schwärmereien. 5 Stunden Asana-Sitzen.

Liebe Welt:

Der Meditierende sieht sich selbst und alle Anderen in neuem Licht. Alles ist wunderschön, alles ist Liebe usw. Er nimmt sich selbst die Probleme, an denen er lernen könnte.

Abhilfe:

Sehen Sie in Ihr Portemonnaie. Meditation auf das eigene Gesicht im Spiegel. Wenn das alles nicht mehr hilft, stellen Sie resignierend fest, Ihr Versuch, ein Meister der Meditation zu werden, ist missglückt: Lassen Sie sich den Kopf scheren und suchen Sie sich ein angenehmes und stilles Kloster.

Angst:

Der Meditierende erlebt intensiven Schmerz, beginnt Monster zu sehen und hat Angst vor der nächsten Meditation. Es fehlt ihm die Perspektive, aus der heraus er erkennt, dass alle Phänomene von ihm selbst erzeugt werden ... er verzagt.

Abhilfe:

Beschäftigung mit dem Aufbau des Nervensystems und seinen Funktionsweisen. Konstruktivismus.

Depressionen:

Der Meditierende wird nach Meditationen häufig traurig, fühlt sich nicht okay, sieht die Welt in dunkelgrauem Licht.

Abhilfe:

Bioenergetik. Tanzen. Pranayama-Rhythmus erhöhen.

Verwirrung:

Die neuen Phänomene lösen Verwirrungszustände aus. Die Folge sind Verspannungen, passende Erklärungsmodelle sind nicht vorhanden. Der Meditierende scheitert an sich selbst.

Abhilfe:

Logik-Training. Schach. Programmieren.

Überheblichkeit:

Das Ego des Meditierenden bläht sich auf. Er ist besser als alle anderen Menschen ...

Abhilfe:

Wenn Sie wirklich so göttlich sind, dann werden Sie es sicherlich schaffen, sich ein Problem zu stellen, das Sie selbst nicht bewältigen können. Suchen Sie sich einen anderen Menschen und dienen Sie ihm über eine festgesetzte Zeit.

4.3.2.4. Kraftsport

Stoffwechseltraining:

Pulsschlag

Ein durchschnittlich gesunder Mensch erreicht im Schlaf einen Puls von 60 Schlägen in der Minute. In der Meditation können Sie Ihren Puls weit darunter senken, was eine tiefe Entspannung und ruhige Konzentration mit sich bringt. Wir haben festgestellt, dass dies aber nur dann möglich ist, wenn der Körper durch Sport entsprechend trainiert wird.

Puls und Entspannung gehören zusammen –
je entspannter, desto niedriger und gleichmäßiger der Puls.

Ohne Sport?

Wer keinen Sport betreibt, wird auch in der Meditation seinen Puls nicht gezielt unter 60 Schläge bringen können. Durch Zirkeltraining, Joggen, Radfahren und Schwimmen bringen Sie Ihren Stoffwechsel in Schwung, bleiben fit und die Meditation profitiert davon. Tun Sie dies mindestens jeden zweiten Tag 20 Minuten lang.

Den Kreislauf stabilisieren

Längeres Asana und intensive Meditation bedeuten: Der Körper befindet sich zusätzlich zum Schlaf mehrere Stunden in absolutem Ruhezustand. Durch diese weiteren Ruheperioden stellen sich Stoffwechsel und Kreislauf um. Ihre körperliche Belastungsfähigkeit kann nachlassen. Dem sollten Sie durch Stoffwechseltraining entgegenwirken. Unterlassen Sie das, können durch die Meditation Kreislaufprobleme auftreten.

Betreiben Sie Stoffwechseltraining, um Ihre körperliche Belastbarkeit zu steigern und zu erhalten.

Bodybuilding:

Bodybuilding hat in vielen Kreisen nicht gerade den besten Ruf ... wir wollen Sie hier nicht auffordern, Mister Universum oder Miss Olympia zu werden. Vielmehr geht es uns um folgendes:

Wille

Meditation bedeutet Willenstraining und Willensschulung. Wer meditiert, wird früher oder später darauf kommen, dass er sein Asana verbessern muss. Dazu brauchen Sie Wille. Bodybuilding ist eine sehr gute Art, den Willen zu trainieren. Über die Gewichte haben Sie eine sehr schöne Möglichkeit, Ihre Erfolge zu prüfen, zu messen und zu übertreffen. Außerdem steigert Bodybuilding das Körperbewusstsein, da Sie jeden Muskeln einzeln kennen lernen. Und natürlich fördert es die körperliche Fitness.

Bodybuilding ist ein Willenstraining!

Korrekte Aufführung

Wenn Sie Bodybuilding lernen wollen, lassen Sie sich auf jeden Fall in die korrekte Ausführung der Übungen einweisen, in einem Bodybuilding-Studio oder von jemandem, der privat die erforderlichen Geräte besitzt und die Übungen beherrscht. Am Anfang kommt es bei der Ausführung viel mehr auf Korrektheit als auf Gewichte an. Sie werden sehr früh bemerken, dass Ihre Muskeln bei richtiger Bewegungsausführung viel schneller, gleichmäßiger und wohlgeformter wachsen als bei falscher.

Gerade Haltung

Außer Willenstraining hat Bodybuilding noch einen weiteren Vorteil, der sich auf die Meditation auswirkt: Beim Asana kommt es immer auf stabile Haltung an. Gutes Bodybuilding stärkt die Muskeln, dadurch wird das Asanasitzen leichter.

Korrekt durchgeführtes Bodybuilding wirkt
Haltungsschäden entgegen!

Yoga und Bodybuilding!

Lassen Sie nicht Yoga für Bodybuilding ausfallen oder umgekehrt, machen Sie beides. Muskeltraining und Muskeldehnung dürfen nicht getrennt werden! Muskeltraining ohne Muskeldehnung bringt Ihnen Verspannungen. Muskeldehnung ohne Muskeltraining bringt Ihnen Schlaffheit.

4.3.2.5. Bewusstheitsübungen

Alltagsbewusstheit

So, wie Entspannung im Alltag Ihre Entspannung in der Meditation unterstützt, fördert Bewusstheit im Alltag Ihre Konzentration.

Eine kleine Übungsauswahl

Wir haben eine kleine Auswahl an Bewusstheitsübungen für Sie zusammengestellt. Nehmen Sie sich hin und wieder eine dieser Übungen vor. Entscheiden Sie nach Ihrem Interesse. Machen Sie jene Übung, die Ihnen gerade Spaß macht. So gewährleisten Sie am ehesten, dass Sie auch am Ball bleiben. Es kommt nicht darauf an, diese Übungen in einer bestimmten Reihenfolge durchzuführen, sondern das Ergebnis zählt: Steigerung der Alltagsbewusstheit.

Kleine Bewusstheitsübungen im Alltag fördern die Konzentration.

Der Zeuge

Der Zeuge ist ein kontinuierlicher Beobachter. Er ist ein Teil von Ihnen, den Sie sozusagen im Hintergrund dafür nutzen, in jedem Moment Ihr eigenes Handeln zu beobachten. Als Resultat dieser Übung erwerben Sie die Fähigkeit stetiger Selbstbeobachtung – Sie können spontan „aus sich heraustreten", Abstand von sich selbst nehmen und erkennen und analysieren, was Sie gerade tun.[47]

- Stellen Sie sich vor, in Ihrem Hinterkopf sitzt ein kleines Männchen, das Sie beobachtet.
- Dieses Männchen kann nicht sprechen, es kann nur zusehen.
- Das Männchen begleitet Sie, wo Sie gehen und stehen.
- Es sieht Ihnen beim Essen, Trinken, Arbeiten, Reden, Tanzen, Fernsehen, Lesen und, wenn es geht, auch beim Schlafen zu!
- Aus der Meditation hält es sich ganz raus, es sei denn, es wird von Ihnen gesondert und ausdrücklich dazu aufgefordert, auch dann zu beobachten.

Sie werden überrascht sein, was Ihnen bislang so alles entgangen ist. Probieren Sie es gleich einmal aus: Wissen Sie, wie sich Ihr rechter Fuß gerade anfühlt und in welcher genauen Position er sich befindet? Wie fühlt sich der linke Ellenbogen gerade an? Verziehen Sie gerade den Mund? usw. usf.

Wenn Sie diese Übung machen wollen, dann setzen Sie dafür direkt eine Zeit von mindestens einer Woche fest. Machen Sie sich Notizen

---

47) Im fortgeschrittenen Stadium haben Sie durch diese Übung die Chance, einen tiefen Einblick in die Funktionsweisen Ihres Bewusstseins zu bekommen, unter anderem auch zu erkennen, dass es jederzeit Interdependenzen unterbrechen kann und uneingeschränkt re-entry-fähig ist.

über Ihre Erfahrungen, auch darüber, in welchen Situationen und wie oft Sie den Zeugen verloren haben.

Er/Sie

Folgende Wörter sind für eine Zeit lang verboten:

* „ich", „mich", „mir", „mein", ...

Verwenden Sie an ihrer Stelle, wenn Sie von sich selbst denken oder reden, „er", „sich", „ihn", „sein" bzw. „sie", „sich", „sie", „ihr", ... oder ersetzen Sie sie einfach durch Ihren Vornamen.

Diese schöne Übung verschafft Ihnen Distanz zu sich selbst. Ihre Gefühle, Affekte, Gedanken werden plötzlich klar für Sie sichtbar. So können Sie lernen, mit Angst und Wut und anderen Emotionen anders umzugehen. Der Effekt ähnelt der Wirkung der Zeugen-Übung.

Im Allgemeinen ist es schwer, diese Übung während der Arbeit zu praktizieren. Aber irgendwann werden Sie ja auch mal Urlaub haben: Dann machen Sie sie eben dann. Auch diese Übung mindestens eine Woche durchführen, besser länger. Und vergessen Sie Ihre Notizen nicht.

Sein

Eine unserer größten Herausforderungen *ist* es, die Fähigkeit zu erwerben, die *Wirklichkeit*, an die wir uns gewöhnt haben, hinterfragen zu können. Schon in unserer Sprache drücken wir aus, dass Dinge eben *da sind* und dass sie so *sind* wie sie *sind*. Wenn Sie meditieren, wird sich dieser Eindruck ändern. Unterstützen können Sie diese Entwicklung durch die folgende Bewusstheitsübung:

- Streichen Sie das Wort „sein" und all seine Flexionen wie „bin", „ist", „sind", „war" etc. aus Ihrem Wortschatz.[48]
- Suchen Sie Umschreibungen für diese Worte.
- Wählen Sie passende und wirksame ‚Strafen' aus, falls Sie doch einmal eins dieser Worte benutzen. Das fördert die Effektivität dieser Übung.

Schweigen

Was reden wir eigentlich so den ganzen Tag? Ist Ihnen schon mal aufgefallen, dass viele Menschen Reden als Zeitvertreib verwenden? Dass viel dieses Geredes kaum Bedeutung hat?

- Schweigen Sie eine Woche lang.
- Führen Sie in dieser Zeit intensiv Tagebuch.
- Denken Sie nur sinnvolle und wichtige Dinge.

Bewusst essen/rauchen/trinken

- Wenn Sie essen, schmecken Sie genau hin. Kauen Sie jeden Bissen mindestens 30mal.
- Wenn Sie immer noch rauchen, machen Sie es wenigstens zu einem Kult. Nehmen Sie die Zigarette langsam aus der Schachtel. Riechen Sie an ihr. Zünden Sie sie langsam und ruhig an. Atmen Sie tief ein, schmecken Sie genau hin.[49]

---

48) Wenn Ihnen das anfangs zu kompliziert wird, fangen Sie erstmal mit ein paar wichtigen an und nehmen dann nach und nach mehr hinzu.

49) Für so manchen ist diese Übung schon zur Rauchentwöhnung geworden, weil er auf diese Weise endlich mal gemerkt hat, was er sich da andauernd reintut.

- Wenn Sie trinken wollen, öffnen Sie die Flasche mit Genuss. Drehen Sie sie leicht in der Hand. Gießen Sie die Flüssigkeit aus einiger Entfernung in Ihr Glas oder in Ihre Tasse und lauschen Sie dem herrlichen Geräusch. Führen Sie das Glas oder die Tasse langsam an die Lippen. Trinken Sie langsam und lassen Sie die Flüssigkeit sich gleichmäßig im Mund verteilen. Schmecken sie gut hin.

Wir haben diese Übungen hier nur kurz charakterisiert. Es bleibt Ihrem Erfindungsgeist überlassen, wie Sie diese kleinen Rituale ausschmücken. Trainieren Sie Ihre Sinne!

Geh-Mantra's

Diese Übung sollten Sie nur in sicherer Umgeben durchführen, oder wenn Andere, die die Übung nicht praktizieren, auf Sie aufpassen können. Sie kann Sie leicht stark vereinnahmen, so dass Sie sich verlaufen oder mal ein Auto übersehen.[50]

- Wählen Sie sich ein Mantra aus.
- Wenn Sie nun spazieren gehen, sprechen Sie innerlich dieses Mantra.
- Bevor Sie losgehen sagen Sie: „Ich beginne nun mit meinem Geh-Mantra!"
- Wenn Sie Ihren Spaziergang beenden, sagen Sie: „Ich beende nun mein Geh-Mantra!"

---

50) Sie können diese Übung auch abwandeln, indem Sie bei anderen Tätigkeiten mantrieren, z.B. beim Duschen, Putzen, Fegen, Aufräumen etc. Keinesfalls sollten Sie sie ausführen, wenn Sie mit risikoreichen Tätigkeiten beschäftigt sind, also z.B. selbst Auto fahren oder mit Ihrer Kreissäge oder mit Ihrer Flex arbeiten.

Die beiden Formeln benötigen Sie, um nicht in Zukunft dauernd das Geh-Mantra im Kopf zu haben.

Handwechsel

Nach dem Hirn-Hälften-Modell können wir unser Gehirn als aus zwei Hälften bestehend betrachten: Die rechte Hirnhälfte ist zuständig für Synthese, Kreativität und Generalisierung, die linke für Analyse, logisches Denken und Struktur. Die Körperseiten werden den Hirnhälften diagonal zugeordnet: Linke Körperseite zum rechten Hirn, rechte Körperseite zum linken Hirn.

Die meisten Europäer sind linkshirnisch orientiert. Das ist anerzogen. Wenn Sie Ihre Möglichkeiten voll ausschöpfen wollen, sollten Sie lernen, beide Hirnhälften zu benutzen. Meditation entwickelt beide Hirnhemisphären und gleicht sie aus. Sie können diesen Prozess durch die folgende Übung unterstützen:

- Wählen Sie mindestens eine Tätigkeit, die Sie gewöhnlich mit der rechten Hand ausführen.
- Diese Tätigkeit führen Sie ab jetzt mit links aus.
- Sie werden feststellen: Je komplexer die gewählte Tätigkeit, desto umfassender und unerwarteter – da plötzlich auch ganz andere Tätigkeiten als die gewählte mitbetroffen sind – wirkt sich die beginnende Neuverschaltung der Hirnhälften aus.

5. Lernweg

Meditation

5.1. Asana

Willensschulung

Bereits beim Lesen des Kapitels *Aufmerksamkeit* wird Ihnen bewusst geworden sein, dass Konzentration zu erlernen, Ihren Einsatz fordern wird. Ihr Wille wird zu Beginn dieses Lernprozesses eines Ihrer größten Probleme sein: Er ist zu schwach, Ihre Gedanken schweifen hierhin und dorthin, Sie können einfach nicht „bei der Stange bleiben". Also müssen Sie Ihren Willen trainieren, Sie müssen Ihn stärken, und hierfür ist Asana der direkteste Weg zum Erfolg.

Erinnern Sie sich bitte: Konzentrationsstufe 1 bedeutet, dass Sie Ihr MO eine Stunde lang ohne Unterbrechung halten können. Wenn Sie inzwischen bereits ein bisschen Meditieren geübt haben, wird Ihnen aufgefallen sein, wie simpel sich das anhört und als wie schwierig es sich dann in der Praxis tatsächlich herausstellt. Bewegungsloses Asana hat in seiner Art Ähnlichkeiten mit dem Vorgang der Konzentration selbst. Unserer Erfahrung nach ist der leichteste und schnellste Weg, Konzentrationsstufe 1 zu erlernen und zu etablieren, zu lernen, 3 Stunden bewegungslos Asana zu sitzen. Das hört sich viel an, ist aber eine Erfahrungstatsache, und wenn Sie Konzentrationsstufe 1 haben, wird es sich für Sie nicht mehr nach viel anhören. Sicherlich ist es Ihre Entscheidung, wie Sie versuchen, sich an Konzentration heranzuarbeiten ... dieser Weg jedoch ist getestet und funktioniert.

Lernen Sie, 3 Stunden bewegungslos Asana zu sitzen, dann wird es Ihnen leicht fallen zu lernen, sich 1 Stunde lang zu konzentrieren.

Erklärung

- Die Fähigkeit, den Körper und den Geist zu beruhigen, ist die Grundlage für Konzentration.

- Körperentspannung kann durch Asana induziert werden. Willentlich Tiefentspannung zu erreichen, braucht jedoch Zeit. Genau genommen müssen Sie lernen, sich von Zeit und jeglicher körperlicher Bewegungsintention zu lösen.

- Die Auseinandersetzung mit den vielschichtigen hierbei auftretenden Problemen beruhigt den Geist: Er muss lernen, sich zu beruhigen, wenn er nicht durchbrennen will. Das erkannt, werden körperliche und geistige Beruhigung immer mehr zu einem sich positiv bestärkendem Wechselspiel.

5.1.1. Drachensitz und Savasana

Zwei Asanas für den Anfänger

Damit das Asana insbesondere für den Anfänger nicht zu schwierig wird, haben wir zwei Asanas ausgesucht, die einfach zu praktizieren sind und sich hinsichtlich ihrer entspannungs- und konzentrationsfördernden Wirkungen wechselseitig ergänzen. Das eine ist der *Drachensitz* – die Art seiner Durchführung motiviert zu Aufmerksamkeit und Konzentration – das andere ist das *Savasana* – es unterstützt Ihre Entspannung.

Drachensitz

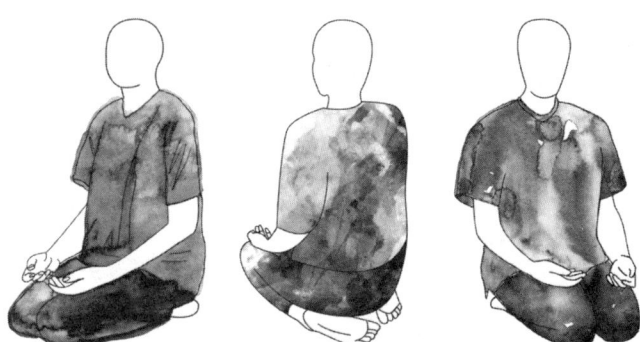

Abb. 11. Drachensitz (1)   Abb. 12. Drachensitz (2)   Abb. 13. Drachensitz (3)

- Setzen Sie sich wie auf der Abbildung dargestellt hin.
- Ihre Fußrücken liegen flach auf dem Boden, die Fersen fallen locker nach außen, damit Sie in der sich so bildenden Mulde sitzen können.
- Ihr Rücken ist gerade aufgerichtet, aber nicht steif, Ihre Schultern hängen locker.
- Ihre Hände liegen mit den Handflächen nach oben auf Ihren Oberschenkeln.

Mantra

Als Anfänger ist der Drachensitz Ihr Asana für Ihr Mantra – Ihr erstes und grundlegendes Konzentrations-MO. Solange Sie Asana und Mantra noch lernen, verwenden Sie Ihr Konzentrationsmantra in keinem anderen Asana. Koppeln Sie Drachensitz und Konzentrationsmantra aneinander.

Savasana

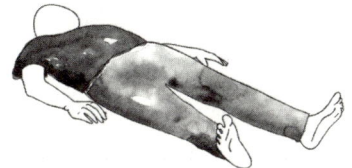

Abb. 14. Savasana

Wie die Abbildung zeigt, wird Savasana liegend ausgeführt. Die korrekte Haltung ist wichtig: Nicht die Schultern hochziehen. Die Arme leicht anwinkeln und die Hände locker, mit den Handflächen nach unten neben dem Körper ablegen. Ihre Füße fallen locker nach außen zur Seite.

Kissen

Praktizieren Sie dieses Asana mal mit und mal ohne Kissen unter dem Kopf. So werden unterschiedliche Verspannungsmuster angesprochen und gelöst. Für langes Savasana sollten Sie jedoch gewöhnlich immer eine leichte Kopf- bzw. Nackenstütze verwenden, um eine natürliche Lage der Wirbelsäule zu gewährleisten.[51]

Savasana = Ergänzendes Asana

Savasana ist für Konzentrationsmeditationen eher ungeeignet. Es wird schnell zu träge und kann leicht mal zu starkem Absinken oder gar zum Einschlafen motivieren. Für Entspannungsmeditationen aber eignet es

---

51) Auch kann eine leichte Stütze im unteren Rücken und unter den Kniekehlen angeraten sein.

sich gut und kann auch vom Fortgeschrittenen mit Gewinn für sie benutzt werden.

Als Anfänger ist Ihr vornehmliches Ziel Konzentration. Deshalb verwenden Sie Savasana nur als Ergänzung. Insgesamt sollte die Zeit, die
Sie Savasana liegen, zu der Zeit, die Sie Drachensitz sitzen, im Verhältnis von um die 2:8 stehen. Wenn Sie feststellen, dass Sie beginnen, Ihren Savasana-Anteil darüber hinaus zu erhöhen, fragen Sie sich, ob das
wirklich nötig ist, und fragen Sie sich auch, ob in letzter Zeit etwas in
Ihren Konzentrationsmeditationen schief läuft.

5.1.2. Sitzhilfen

Bevor Sie sich in den Drachensitz begeben, lockern Sie Ihre Muskeln
und Sehnen.

Übungsanweisung Aufwärmen-Abwärmen

- Kreisen Sie auf dem Boden sitzend, Beine ausgestreckt, mit den
  Füßen, einige Male linksrum, einige Male rechtsrum.
- Kreisen Sie mit den Schultern, einige Male vorwärts, einige
  Male rückwärts.
- Drehen Sie Ihren Oberkörper hin und her.
- Winkeln Sie das rechte Bein an, halten Sie den Oberschenkel
  mit den Händen ruhig, kreisen Sie den Unterschenkel, einige
  Male linksrum, einige Male rechtsrum. Wiederholen Sie für das
  linke Bein.
- Winkeln Sie das rechte Bein an, umfassen Sie es und kreisen Sie
  es im Hüftgelenk. Auch das in beide Richtungen. Und für das
  linke Bein wiederholen.

- Grätschen Sie, auf dem Boden sitzend, Ihre Beine so weit Sie können. Beugen Sie Ihren Oberkörper nach vorne, strecken Sie die Arme aus, berühren Sie den Boden. Beugen Sie sich so weit runter, wie Sie kommen. Richten Sie den Oberkörper wieder auf. Beugen Sie ihn nach rechts und umfassen Sie mit beiden Händen Ihren rechten Fuß. Wieder aufrichten, und dasselbe mit dem linken Fuß. Wiederholen Sie diese Bewegungsabläufe einige Male.
- Stellen Sie sich hin, leicht breitbeinig, stützen Sie Ihre Hände in die Hüftbeugen und kreisen Sie mit der Hüfte, einige Male linksrum, einige Male rechtsrum.
- Schütteln Sie Ihre Beine aus.

Auch nach der Meditation

Wiederholen Sie die Übungsreihe, wenn Sie aus dem Drachensitz wieder aufstehen. Sie können diese Aufwärm-Abwärm-Reihe auch für das Siddhasana und für den Lotussitz verwenden.

Vorsichtig aufstehen

Gerade das Aufstehen aus einem Asana sollte sehr vorsichtig geschehen. Deshalb ist die Durchführung der Aufwärm-Abwärm-Reihe nach dem Asana so wichtig. Wenn Sie länger sitzen, rasten Ihre Gelenke ein und die ,Gelenkschmiere' bildet sich zurück. Nach dem Asana müssen Sie Ihre Gelenke vorsichtig wieder an Bewegung gewöhnen. Vernachlässigen Sie das, können Sie sich langfristig frühzeitigen Gelenkverschleiß zuziehen.

Also: Immer Aufwärmen und Abwärmen.

5.1.2.1. Mantra

Das Mantra ist eines der einfachsten und dennoch präzisesten MOs. Wir sind es gewohnt, in Worten zu sprechen und in Worten zu denken. Daher fällt es auch dem Anfänger recht leicht, auf ein Mantra aufmerksam zu sein.

Der Fortgeschrittene hingegen wird zu einem feineren MO übergehen wollen. Auch wenn er das Mantra für spezielle Zwecke benutzen wird, bietet es ihm generell keinen hinreichend hohen Schwierigkeitsgrad, um seine Konzentrationsfähigkeit vorwärts zu bringen – es ist zu leicht zu fokussieren.[52] Allgemein gilt:

Das Mantra ist das passende MO für den Anfänger – also das passende MO für's erste Jahr.

Sorgfältig auswählen

Wählen Sie Ihr Mantra sorgsam: Sie werden einige Zeit mit ihm zu tun haben. Bleiben Sie bei Ihrem Mantra. Notieren Sie sich genau, weshalb Sie dieses Mantra ausgewählt haben.

Zwei Arten

Wir wollen hier zwei Arten, auf Mantras zu meditieren, unterscheiden. Die erste unterstützt das Asana, die zweite ist spezifisch auf das Training von Aufmerksamkeit ausgerichtet:

---

52) Fortgeschrittene Meditierende, auf dem Niveau *Bewusstheit*, können Mantren zur gezielten Produktion bestimmter Ekstasestufen verwenden.

Mantra-Fluss

Übungsanweisung

- Begeben Sie sich in Ihren Drachensitz (Aufwärmen nicht vergessen!)
- Denken oder sprechen Sie: „Ich beginne nun mit meiner Mantra-Meditation!"
- Nehmen Sie anfangs laut, später leise, Ihr Mantra auf.
- Hören Sie auf, Ihr Mantra zu sprechen. Denken Sie es nur. Bewegen Sie nicht Ihre Sprechmuskulatur oder Ihren Kehlkopf mit. Denken Sie das Mantra. Hören Sie es, sehen Sie es, fühlen Sie es ... denken Sie nur das Mantra.[53]
- Wiederholen Sie es kontinuierlich hintereinander, bis Sie Ihre Meditation beenden.
- Wenn Sie es verloren haben, registrieren Sie das, nehmen Sie das Mantra wieder auf und machen Sie weiter.
- Wenn Ihre Meditationszeit abgelaufen ist, sagen Sie oder denken Sie: „Ich beende nun meine Mantra-Meditation!"
- Spannen Sie langsam und vorsichtig Ihren Körper an. Fühlen Sie sich vom Kleinen zum Ganzen hin wieder in ihn hinein. Stellen Sie sicher, dass Ihr Mantra tatsächlich gestoppt ist. Ihre Meditation ist nun beendet. Verlassen Sie Ihr Asana.
- Abwärmen.

---

53) Langfristig wird es sich als sinnvoll erweisen, das Hören des Mantra zu fokussieren und andere Repräsentationen als Verstärker und Zeiger auf es hin aufzufassen.

Mantra-Aufmerksam

Übungsanweisung

- Ziehen Sie 100 Perlen auf eine Schnur.
- Begeben Sie sich mit dieser Schnur in Ihren Drachensitz (Aufwärmen!).
- Denken oder sprechen Sie: „Ich beginne nun mit meiner Mantra-Aufmerksamkeits-Meditation!"
- Nehmen Sie Ihr Mantra auf, sprechen Sie es innerlich. Denken Sie es. Denken Sie es nur noch.
- Immer wenn Sie Ihr Mantra verloren haben, sagen Sie innerlich „Störung!" und schieben eine Perle auf der Schnur, die in Ihrer Hand liegt, weiter. Danach nehmen Sie Ihr Mantra wieder auf.
- Wenn die Meditation beendet ist, sagen Sie oder denken Sie: „Ich beende nun meine Mantra-Aufmerksamkeits-Meditation!"
- Zurücknehmen, wie bei Mantra-Fluss.
- Abwärmen.
- Schreiben Sie die ‚erreichte' Perlenzahl auf, vergleichen Sie sie mit den Perlenzahlen Ihrer anderen Mantra-Aufmerksamkeits-Meditationen, um Ihre Fort- oder Rückschritte zu erkennen.

Für alle Meditationen gilt:

Regeln

- Zeichnen Sie alle Meditationen direkt nach dem Abwärmen in Ihrem Tagebuch auf. Ihre Aufzeichnungen sollten genau und anfangs sehr ausführlich sein, später reichen Stichworte. Die

Analyse Ihrer Meditationen im Zusammenhang wird Ihnen helfen, Ansätze zu finden, um sich zu verbessern.

- Nehmen Sie nach jeder Meditation gründlich zurück:

  - Wenn Sie das Ende der Meditation verkündet haben, müssen Sie ganz bewusst in Ihren Körper zurückkehren. Anfangs ist ein Versäumnis noch nicht so schlimm, bei tieferer Entspannung kann das jedoch Verwirrungszustände und starke Verspannungen zur Folge haben. Gewöhnen Sie sich also von Anfang an folgendes *Verfahren zum Zurücknehmen* an:

    - Tief einatmen.
    - In die rechte Hand fühlen.
    - In die linke Hand fühlen.
    - In den rechten Fuß fühlen.
    - In den linken Fuß fühlen.
    - In die Genitalien fühlen.
    - Ausatmen.
    - Tief einatmen.
    - Luft anhalten.
    - Den ganzen Körper, mit den Händen beginnend, stark anspannen. Alles steht unter Spannung, sogar die Ohren.
    - Dann Luft ausatmen.
    - Bewegen Sie den Mund.
    - Öffnen Sie die Augen.
    - Sehen Sie sich im Raum um, orientieren Sie sich.

- Bewegen Sie Arme und Schultern.
- Gehen Sie langsam aus dem Asana. Halten Sie hierbei nicht die Luft an, auch dann nicht, wenn die Beine eingeschlafen sind oder es wehtut. Atmen Sie ruhig weiter.
- Abwärmen.

5.1.2.2. Atembeobachtung Bauch

Diese Meditation unterstützt die Entspannung Bauches und der inneren Organe und fördert Aufmerksamkeit und Konzentration auf einem feinerem Niveau als die Mantra-Meditation dies kann.

Bauch-Fluss

Übungsanweisung

- Aufwärmen.
- Drachensitz.
- Machen Sie Breath-Relaxing.
- Sagen Sie nun: „Ich beginne mit meiner Bauch-Meditation!"
- Achten Sie darauf, wie sich Ihre Bauchdecke beim Einatmen hebt, beim Ausatmen senkt.
- Der Atem selbst ist vollkommen irrelevant, was allein zählt, ist die Bauchdeckenbewegung!
- Sollten starke Atemprobleme oder Bauchmuskelverkrampfungen auftreten, fügen Sie nochmals Breath-Relaxing ein. Sagen Sie sich: „Ich unterbreche meine Bauch-Meditation für Breath-Relaxing!" Sobald Sie sich wieder entspannt haben, nehmen Sie Ihre Bauch-Meditation wieder auf: „Ich beende Breath-Relaxing und nehme meine Bauch-Meditation wieder auf!" Diese

Hilfsmaßnahme sollte eine solche bleiben und nicht zur Regel in jeder Bauch-Mediation werden. Machen Sie Bauch-Mediation und nicht Bauch-Mediations-Unterbrechung.

- Wenn Ihre Meditationszeit abgelaufen ist, sagen Sie sich: „Ich beende nun meine Bauch-Meditation!"
- Zurücknehmen.
- Abwärmen.

Bauch-Aufmerksam

Übungsanweisung

- Wie der Bauch-Fluss, doch nun zählen Sie die Bewegungen.
- Ein Bewegungszyklus, also Bauch hoch und runter, zählt 1.
- Sie können die Zahlen auditiv oder visuell denken. Manchen hilft es, sie sich auf der Bauchdecke stehend vorzustellen.
- Wenn Sie das MO verlieren, beginnen Sie wieder bei 1.
- Nach abgelaufener Meditationszeit beenden Sie Ihre Meditation wie gewohnt.
- Schreiben Sie sich die höchste in dieser Meditation erreichte Zyklenzahl auf und vergleichen Sie sie mit den Resultaten aus Ihren anderen Bauch-Aufmerksamkeits-Meditationen.

Alternativ oder, bei hartnäckigen Störungsproblemen, können Sie (zusätzlich) auch Ihre Perlenschnur zur Störungskontrolle verwenden – achten Sie aber darauf, sich nicht zu überfrachten, oft ist weniger mehr.

5.1.2.3. Körpermeditation

Wenn Sie gezielt Ihre Entspannung verbessern möchten, ist die Körpermeditation eine effektive Technik:

Übungsanweisung

- Legen Sie sich in Ihrem Meditationsraum ins Savasana.
- Machen Sie Breath-Relaxing.
- Sagen Sie innerlich: „Ich beginne nun mit meiner Körpermeditation!"
- Fühlen Sie in der folgenden Reihenfolge (!) alle Körperteile durch. Fühlen Sie immer tiefer und tiefer in sie hinein, lassen Sie dabei zu, dass sich Ihre Muskeln völlig lockern:
  - Rechter Fuß.
  - Rechte Wade.
  - Rechtes Knie.
  - Rechter Oberschenkel.
  - Rechte Hüfte.
  - Linker Fuß.
  - Linke Wade.
  - Linkes Knie.
  - Linker Oberschenkel.
  - Linke Hüfte.
  - Becken.
  - Genitalien außen.
  - Anus.

- Genitalien innen.
- Nieren.
- Darm.
- Magen.
- Bauchmuskeln
- Unterer Rücken.
- Zwerchfell.
- Mittlerer Rücken.
- Herz.
- Lungen/Bronchien.
- Brust
- Oberer Rücken.
- Rechte Hand.
- Rechter Unterarm.
- Rechter Ellenbogen.
- Rechter Oberarm.
- Rechtes Schultergelenk.
- Linke Hand.
- Linker Unterarm.
- Linker Ellenbogen.
- Linker Oberarm.
- Linkes Schultergelenk.
- Nacken.
- Hals.

- Hinterkopf.
- Unterkiefer.
- Mund.
- Jochbögen.
- Wangenmuskeln.
- Nase.
- Augen.
- Augenbrauen.
- Ohren.
- Schläfen.
- Kopfhaut.
- Machen Sie mindestens 3 vollständige Durchgänge hintereinander. Nehmen Sie sich für jeden einzelnen Durchgang mindestens 10 Minuten Zeit.
- Beenden Sie: „Ich beende nun meine Körpermeditation!"

Um den Entspannungseffekt noch zu verstärken, können Sie auch in die Körperteile hineinatmen. Bei jedem Ausatmen wird der jeweilige Körperteil angenehm warm, schwer und immer lockerer.

Wenn Sie das beschriebene Grundkonzept beherrschen, können Sie auch mit der Körpermeditation experimentieren, zum Beispiel: Werden Sie in Ihrer Körperwahrnehmung immer detaillierter, nehmen Sie immer mehr und immer kleinere Körperteile wahr, nehmen Sie immer mehr Körperprozesse wahr, oder beobachten Sie größere Körperbereiche, beobachten Sie Ihren Körper immer ganzheitlicher, meditieren Sie auf Ihren gesamten Körper, oder meditieren Sie zwischen zwei Ganzkörperdurchgängen auf einen speziellen Körperbereich, lassen Sie ihn richtig locker oder schwer und entspannt werden, lassen Sie ihn warm werden, reinigen Sie ihn, indem Sie klar und sauber in ihn hineinatmen ... Wichtig für solche Experimente: Legen Sie vor der Meditation fest, was Sie in ihr zu tun beabsichtigen, und bleiben Sie dabei. Mischen Sie nichts, was nicht zueinander passen kann.

5.2. Das MO

Das MO ist das Zentrum, um das sich Ihre Meditation dreht. Es sollte fein sein, es sollte schön sein, es sollte aufregend sein.

- Wenn Sie 3 Stunden Drachensitz sitzen können.
- Wenn Sie eine Stunde lang keine Perle mehr schieben mussten.
- Wenn Sie die Entspannungsstufe Diamant erreicht haben.
- Dann sind Sie bereit für Konzentration!

Das MO ist das erstrebenswerte Objekt Ihrer Aufmerksamkeit!

Ein besonderes MO

Wir haben ein MO für Sie entdeckt, dem kein anderes an Schönheit und Feinheit gleichkommt – die Atembeobachtung Nase. Dieses MO ist für alle Konzentrations- und Ekstasestufen geeignet. An ihm können Sie den Fokus immer weiter präzisieren und dabei die Auflösung steigern.

5.2.1. Atembeobachtung Nase

- Was Sie beobachten, ist die Berührung der Luft, beim Ein- und Ausatmen, an den Nasenrändern.
- MO ist die Berührungsempfindung an den inneren Rändern Ihrer beiden Nasenlöcher und nur diese Berührungsempfindung, die Sie erzeugen, wenn die Luft beim Ein- und Ausatmen an ihnen entlang streicht.
- Ihre Atmung muss sehr ruhig, entspannt und tief sein, damit das funktioniert. Sie ist zwar lebenswichtig aber dennoch sekundär, denn Sie interessiert nur dieses kontinuierliche, leichte Empfinden von Berührung an den Nasenrändern.

5.2.2. MO-Hilfen

Zu Anfang mag es Ihnen schwer fallen, Ihre Nasenränder überhaupt deutlich zu spüren. Die nun folgenden MO-Hilfen werden Sie darin unterstützen, Ihr neues MO zunächst erst einmal scharf und dann fest zu bekommen. Aber werden Sie ruhig auch selbst kreativ: Lassen Sie sich weitere sinnvolle Hilfen einfallen!

5.2.2.1. Fokus fest-setzen

Anfangshilfen

- Die Nasenränder vor der Meditation mit Wasser anfeuchten, das bringt Kühle, an der Sie sich orientieren können.

- Die Nasenränder vor der Meditation durchkneifen, das fördert die Blutzirkulation, die Sie dann spüren lässt, wo Ihre Nasenränder sitzen.

- Die Nasenränder mit China-Öl einreiben, das bringt viel Kühle!

- Und für ganz Eifrige: Wasser durch die Nase einsaugen und ausprusten. Was das bringt, werden Sie ziemlich schnell selbst rausfinden.

Nase reinigen

Oft ist die Nase leicht verstopft, das hemmt den Atemfluss, und Sie haben Schwierigkeiten, Ihre Nase differenziert zu spüren. Am besten reinigen Sie vor der Meditation Ihre Nase. Das meint nicht nur Putzen, sondern folgendes:

Übungsanweisung

- Sie sitzen in Ihrem Asana.

- Sie führen einen Finger an ein Nasenloch und drücken es zu.

- Sie atmen tief durch das andere Nasenloch ein und wieder aus.

- Jetzt wechseln Sie das Nasenloch und verfahren gleichermaßen.

- Wiederholen Sie das solange, bis die Luft frei und kühl durch Ihre Nase strömt.

Fokus benennen

Weiter ist es gut, sich vor jeder Meditation ganz klar zu sein, was genau das MO sein soll. Bestimmen Sie den Fokus, beschreiben Sie ihn innerlich, zum Beispiel folgendermaßen: „MO soll der Rand um mein rechtes Nasenloch, der Rand um mein linkes Nasenloch und das Berührungsempfinden sanfter, kalter Luft an diesen Rändern sein." Fühlen Sie dann genau hin, um Ihr MO zu erkennen und zu wissen.

Schnur-Training

In der Anfangsphase können Sie zur Störungskontrolle wieder Ihre Perlenschnur verwenden:

- Arbeiten Sie sich über starke Störungen (Außengeräusche u.a.) zu mittleren (Gedanken) bis zu ganz feinen (Vorbeihuschendes am Rande des Fokus) bis zu ... vor.
- Trainieren Sie Schnellkonzentration, indem Sie 30 Minuten mit Schnur meditieren, bis gar keine Störung mehr auftaucht.

Meditationsablauf Atembeobachtung Nase

- Aufwärmen.
- Sie setzen sich in Ihr Asana.
- Sie reinigen Ihre Nase.
- Sie atmen tief durch die Nase ein, bis der Ausatemreflex einsetzt.
- Dann atmen Sie solange aus, bis der Einatemreflex einsetzt.
- Machen Sie damit weiter, bis Ihr Atem selbsttätig tief, ruhig und gleichmäßig fließt.
- Dann sagen Sie innerlich: „Ich beginne nun mit meiner Meditation."
- Richten Sie alle Aufmerksamkeit auf Ihre Nasenränder.
- Spüren Sie, wie die Atemluft Ihre Nasenränder berührt.
- Spüren Sie nur die Berührung.

- Schärfen Sie den Fokus solange, bis Sie nur noch die Berührung spüren.
- Sie denken nicht, Sie fühlen nichts anderes, Sie hören keine Außengeräusche, Sie eliminieren alle Störungen.
- Wenn die festgesetzte Zeit um ist, klingelt Ihr Wecker.
- Sie sagen dann innerlich: „Ich beende nun meine Meditation."
- Spüren Sie tief in Ihren Körper.
- Spüren Sie Ihren Beckenboden.
- Spüren Sie Ihre Füße, ganz genau.
- Spüren Sie Ihre Hände.
- Spüren Sie Ihren Nacken.
- Bewegen Sie vorsichtig ein paar Zehen und Finger.
- Holen Sie tief Luft.
- Halten Sie die Luft an, und spannen Sie jetzt Ihren ganzen Körper an, von den Zehennägeln bis zu den Haarspitzen – Augen, Ohren, Bauch, ... alles.
- Dann atmen Sie langsam aus und öffnen die Augen.
- Sehen Sie sich Ihre Umgebung an.
- Gehen Sie langsam aus Ihrem Asana.
- Abwärmen.
- Meditationsaufzeichnungen.

5.2.2.2. Siddhasana und Lotussitz

Auf Ihrem Entwicklungsweg hin zu Konzentration stand sicherlich sehr oft das Asana viel mehr im Mittelpunkt als Ihr MO. Mit dem Erreichen von Konzentration ändern Sie das: Ihr MO steht jetzt im Mittelpunkt und Ihr Asana ist nun eine MO-Hilfe. An diesem Punkt angekommen, kann es sinnvoll sein, vom Drachensitz zu einem offeneren Asana zu wechseln. Tun Sie dies nicht zu früh, denn offene Asanas erfordern, um sie stabil sitzen zu können, einen hohen Grad an Entspannung, den Sie gewöhnlich nicht ohne Konzentration erreichen werden. Wenn Sie in ein offenes Asana wechseln können und wollen und es zum angemessenen Zeitpunkt tun, eröffnen Sie sich zwei klare Vorteile:

1. Sie koppeln Ihre nun erreichte Konzentration und Ihr neues MO an ein neues Asana: So können Sie einige Unarten, die Sie vielleicht an Ihr altes Asana geankert haben, einfach hinter sich lassen.

2. In offenen Asanas können Sie Ekstasephänomene leichter erzeugen und verarbeiten. Vorausgesetzt Sie beherrschen das gewählte Asana.

Wir halten zwei offene Asanas als gut für die fortgeschrittene Meditation geeignet:

1. das Siddhasana

Abb. 15. Siddhasana

2. den Lotussitz.

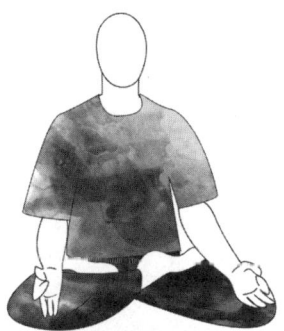

Abb. 16. Lotussitz

Probieren Sie aus, welches Ihnen besser liegt. Der Lotussitz erfordert eine höhere Dehnfähigkeit, die auch regelmäßig trainiert werden muss. Wenn Sie in ein neues Asana wechseln wollen, testen Sie, entscheiden Sie und bleiben Sie dabei. Fangen Sie nicht an, zwischen den Asanas zu springen. Denn auch wenn Sie jetzt bereits einiges an Asana-Erfahrung mitbringen, müssen Sie Ihr neues Asana dennoch neu einsitzen. Und Sie wissen ja, dass Sprunghaftigkeit dem Asana nicht gut tut.

Einige Regeln, die für das Erlernen des Siddhasana oder des Lotussitzes nützlich sind:

- Finden Sie heraus, mit welchen Fuß nach innen Sie am besten sitzen. Nachdem Sie das herausgefunden haben, sitzen Sie so und nicht anders!

- Der Rücken wird gerade gehalten. Die Wirbelsäule ruht locker in sich selbst. Kontrollieren Sie Ihre Haltung, zum Beispiel mit einem Besenstiel. Achten Sie darauf, dass Sie in der Meditation weder in sich zusammensacken noch sich nach hinten lehnen.

- Sie können die Hände offen oder in einem Mudra halten. Die nebenstehende Abbildung zeigt ein Mudra, welches die Stabilisierung der Sitzposition erleichtert. Mancher neigt bei offener Handhaltung dazu, schnell mal die Sitzposition zu verziehen.

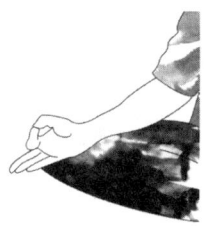

Abb. 17. Mudra

- Sitzen Sie bewegungslos!
- Sitzen Sie diese beiden Asanas ohne Sitzhilfen. Wenn Sie das nicht können, sind sie nicht oder noch nicht für Sie geeignet.

Vorbereitende Sitzübung

Bevor Sie eines dieser beiden Asanas in der Meditation verwenden, sollten Sie den Sitz einüben. Einfache Möglichkeiten dafür sind Video-Asana oder Lese-Asana.

Asana-Training

Sitzen, sitzen

Wenn Sie im Drachensitz 3 Stunden sitzen können, können Sie in einem offenen Asana noch länger sitzen. Bauen Sie diese Fähigkeit aus. Langes und stabiles Asana ist der Schlüssel zu den höchsten meditativen Entspannungs-, Ekstase- und Konzentrationsstufen. Trainieren Sie an Ihren Meditations-Weekends langes Sitzen im offenen Asana in Verbindung mit Meditation auf Atembeobachtung:

Einige Regeln und Zeit-Beispiele

- Beginnen Sie mit einem Wochenende, für das Sie als Ziel „3 Stunden bewegungslos meditieren" festsetzen.
- Einmal erreicht, trainieren Sie es immer wieder, damit die erworbene Fähigkeit nicht wieder verloren geht.
- Steigern Sie dann auf 5 Stunden.
  - Wenn Sie sich entschließen, auf 5 Stunden zu trainieren, dann beginnen Sie mit dem Mindestziel, die Beine diese Zeit lang unten zu lassen.
  - Dann verbieten Sie sich das Bewegen der Hände.
  - Dann das Bewegen der Schultern.
  - Dann das Bewegen des Kopfes.
- Wenn Sie finden, dass Sie mehr können und wollen, steigern Sie auf 7 Stunden.
- Dann auf 9 Stunden.
- Dann auf 12 Stunden.
- Halten Sie die hier angegebene Reihenfolge ein! Sie sollten auf keinen Fall versuchen, mit 7 Stunden anzufangen, denn Sie werden die auftretenden Phänomene nicht verarbeiten können.
- Machen Sie sich keine Gedanken, wenn Sie meinen zur Toilette müssen. Dieses Bedürfnis verschwindet, wenn Sie weitermeditieren ganz von selbst. Ihr Körper kann viel mehr, als Sie jemals

von ihm gedacht hätten. Er wird lernen, seine Bedürfnisse dann zu befriedigen, wenn Sie nicht meditieren.

- Planen Sie Ihre Weekends stets im Vornherein gut durch. Wenn Sie meinen, Savasana-Meditationen zwischenschieben zu müssen, dann planen Sie sie vorher ein. Untersagen Sie sich, ansonsten ins Savasana zu entfliehen.

- Egal, was geschieht, meditieren Sie nur auf Konzentration, auf nichts anderes.

  - Vergessen Sie die Zeit.
  - Vergessen Sie den Raum.
  - Vergessen Sie Ihren Körper.
  - Werden Sie nicht träge.
  - Konzentrieren Sie sich, werden Sie bewusst!

Nach solchen Ansana-Sessions haben Sie im Asana einen Freund gewonnen: Ein oder zwei Stündchen Meditation? – Herrlich!

5.2.2.3. Autogenes Training

Selbsthypnose

Der Entwickler des Autogenen Trainings war der Psychiater und Psychotherapeut Johannes Heinrich Schulz (1884-1970). Eines seiner Ziele bei der Entwicklung des Autogenen Trainings bestand darin, es jedem Interessierten zu ermöglichen, bestimmte Techniken der Hypnose, ohne einen Hypnotiseur zu benötigen, zum Zwecke der Steigerung der Entspannung und seelischen Gelassenheit auf sich selbst anwenden zu können: Selbsthypnose zur Verbesserung der psychischen und physischen Kondition. Eine grundlegende Technik des Autogenen Trainings ist das interne Wiederholen bestimmter Sätze – auto-suggestiver Formeln – um diese Sätze mit bestimmten erwünschten geistigen und körperlichen Zuständen zu assoziieren und in der Folge, die auf diese Weise zu Formeln gewordenen Sätze benutzen zu können, um die erwünschten geistigen und körperlichen Zustände willentlich und relativ Environment-unabhängig zu reproduzieren. Simpler ausgedrückt: Wenn Sie Autogenes Training betreiben, wiederholen Sie im Geiste kontinuierlich bestimmte Formeln, wie zum Beispiel „Rechter Arm ganz schwer und warm", und entspannen sich dadurch immer mehr und mehr und immer tiefer und tiefer.

Autogenes Training ist eine Form der Selbsthypnose.

Erwünschte Wirkungen

Schon in kleinen Dosen eingesetzt, kann man mit Autogenem Training recht beachtliche Wirkungen erzielen. Es verbessert ganz allgemein die Gesundheit und fördert die Fähigkeit, stressfrei Probleme zu lösen. Schon 3mal täglich 10 Minuten können ausreichen, um Entspannungsstufe 1 zu etablieren.

Wie so oft bereits in diesem Buch, wollen wir allerdings etwas mehr erreichen: Unserer Erfahrung nach ist es möglich, mit gezielt eingesetztem Autogenem Training Entspannungsstufe 3 zu etablieren. Dafür müssen Sie jedoch auch etwas mehr als 30 Minuten täglich aufwenden. Um Entspannungsstufe 3 mit Autogenem Training (AT) zu erreichen und zu etablieren, gehen Sie folgendermaßen vor:

Vorgehensweise

- Ersetzen Sie 1½ Stunden Ihrer täglichen Meditationszeit mindestens 3 Monate lang durch 1½ Stunden gezieltes AT. Diese 1½ AT-Stunden teilen Sie am besten 3 AT-Einheiten zu je einer ½ Stunde auf. Ihre übrige Meditationszeit nutzen Sie in dieser Phase für Schnell-Konzentrations-Meditationen. Das ist wichtig, um einem möglichen negativen Nebeneffekt des AT entgegen zu wirken: Wenn man nicht klar im Kopf bleibt, kann einen AT extrem träge machen. Deshalb Schnell-Konzentrations-Meditationen, die werden Sie wach und frisch halten.

- Führen Sie AT zuerst immer im Savasana durch, solange bis Sie mindestens Entspannungsstufe 2 erreicht haben, dann können Sie es auch im Drachensitz, Siddhasana oder Lotussitz praktizieren.

- Verkrampfen Sie sich nicht beim AT. Bleiben Sie einfach ganz locker. Während Sie innerlich eine AT-Formel artikulieren, ruht Ihre Aufmerksamkeit völlig entspannt auf der Formel und dem angesprochenen Körperteil und dem körperlichen Prozess. Mit Gewalt erreicht man beim AT gar nichts.

Wir haben den AT-Lernvorgang in aufeinander aufbauende Stufen eingeteilt. Wir beschreiben diese Stufen nun ihrer Reihenfolge nach. Halten Sie diese aufeinander aufbauende Reihenfolge ein:

AT-Schwere

Übungsanweisung

- Nachdem Sie im Savasana Breath-Relaxing durchgeführt haben, sagen Sie sich: „Ich beginne nun mit AT-Schwere!"
- Sagen Sie nun innerlich, langsam und ruhig: „Ich bin vollkommen ruhig!"[54]
- Wiederholen Sie diese Formel 6mal.
- Nun sagen Sie innerlich und vollkommen ruhig: „Mein rechter Arm ist schwer, gaaanz schwer."[55]
- Wiederholen Sie diese Formel 6mal.
- Sie merken, wie Ihr rechter Arm immer schwerer wird und gehen zum linken Arm über: „Linker Arm schwer, gaaanz schwer." 6mal wiederholen.
- Sie merken, wie Ihre Arme immer schwerer werden und gehen zu Schultern und Nacken über: „Schultern und Nacken schwer, gaaanz schwer." 6mal.
- „Rücken schwer, gaaanz schwer." 6mal.
- „Unterer Rücken schwer, ganz schwer." 6mal.
- „Gesäß schwer, ganz schwer." 6mal.
- „Beckenboden und Genitalien schwer, ganz schwer." 6mal.
- „Ich bin vollkommen ruhig." 3mal. Achten Sie darauf, dass Sie sich Ihre Suggestionen langsam und ruhig geben, und achten

---

54) Auch wenn wir es im Weiteren nicht andauernd wiederholen: Alle Artikulationen erfolgen innerlich.

55) Sollten Sie Linkshänder sein, beginnen Sie linksseitig und fahren entsprechend fort.

Sie auch darauf, dass sich die angesprochenen Körperteile auch wirklich schwer (und schwerer) anfühlen.

- „Brust schwer, ganz schwer." 6mal.
- „Bauch schwer, ganz schwer." 6mal.
- „Becken schwer, ganz schwer." 6mal.
- „Rechtes Bein schwer, ganz schwer." 6mal.
- „Linkes Bein schwer, ganz schwer." 6mal.
- AT-Abschluss:
- „Ganzer Körper schwer." 6mal.
- „Ich bin vollkommen ruhig und entspannt." 3mal.
- „Hals locker, Gesicht locker, Kopfhaut locker, Stirn angenehm kühl, Gedanken klar." 3mal.
- Beenden Sie mit: „AT-Schwere beendet. Ich bin vollkommen ruhig und entspannt. Meine Gedanken sind klar." 1mal.
- Nehmen Sie gründlich zurück.
- Wärmen Sie ab.

Zurücknehmen niemals vergessen – bei keiner Meditation!

Wie gesagt, nehmen Sie sich für jede AT-Einheit ½ Stunde Zeit. Wichtig bei der ganzen Sache ist, dass Sie stets tatsächlich SCHWERE empfinden. Gehen Sie erst dann zum nächsten Körperbereich über, wenn sich der gerade behandelte auch tatsächlich schwer anfühlt. Zu Anfang kann es passieren, dass eine ½ Stunde nicht ausreicht, um den ganzen Körper durchzuarbeiten. In diesem Falle beenden Sie nach ½ Stunde und führen den AT-Abschluss durch.

Führen Sie den AT-Abschluss stets vollständig durch.

Sobald Sie den ganzen Körper innerhalb einer ½ Stunde durcharbeiten können, werden Sie beginnen, ein Gefühl für die Wirkungsweise von AT zu entwickeln. Dann können Sie die Wiederholungszahlen für die Einzelbereiche verkürzen. Sie werden bemerken, dass der gewünschte Effekt bereits nach ein- oder zweimaliger kurzer Suggestion eintritt. Nutzen Sie diesen Erfolg, um den Körper weiter auszudifferenzieren. Werden Sie kleinschrittiger: Hände, Unterarme, Oberarme, Oberschenkel, Unterschenkel, Füße etc. etc. Wenn Sie AT-Schwere gründlich elaboriert haben, können Sie die Formeln „Ganzer Körper schwer" und „Ich bin vollkommen ruhig und entspannt" als Einzelformeln verwenden, um eine direkte, breitflächige Gesamtwirkung zu erzielen. Aber Sie müssen die Formeln immer mal wieder durch detaillierte AT-Schwere nachladen.

AT-Wärme

Übungsanweisung

- Savasana. Breath-Relaxing.
- „Ich beginne nun mit AT-Wärme."
- „Ich bin vollkommen ruhig!" 6mal.
- Machen Sie einen Schnelldurchgang AT-Schwere. Natürlich ohne zusätzliche Einleitung und Abschluss. Gehen Sie kurz den ganzen Körper durch und lassen Sie ihn schwer werden. Es kann sinnvoll sein, „Hals locker, Gesicht locker, Kopfhaut locker, Stirn angenehm kühl, Gedanken klar" anzufügen. Entscheiden Sie selbst.

- „Ich bin vollkommen ruhig!"
- „Mein rechter Arm ist warm, gaaanz warm." 6mal.
- Wir nehmen an, Sie erkennen, worauf das hinausläuft: Fahren Sie nach dem gleichen Schema fort, wie bei AT-Schwere gelernt, nur diesmal für Wärme. Wärmen Sie Ihren ganzen Körper bis hinab in die Beine, Schritt für Schritt durch ...
- AT-Wärme-Abschluss:
- „Ganzer Körper schwer und warm." 6mal.
- „Ich bin vollkommen ruhig und entspannt." 3mal.
- „Hals locker, Gesicht locker, Kopfhaut locker, Stirn angenehm kühl, Gedanken klar." 3mal.
- Beenden Sie mit: „AT-Wärme beendet. Ich bin vollkommen ruhig und entspannt. Meine Gedanken sind klar." 1mal.
- Nehmen Sie gründlich zurück.
- Wärmen Sie ab.

Elaborieren Sie AT-Wärme entsprechend der Regeln, die Sie bei AT-Schwere gelernt haben. Sollte Ihr Kopf bei AT-Wärme heiß werden, fügen Sie die Formel „Hals und Nacken locker, Kopf kühl" ein.

AT-Locker

Übungsanweisung

- Savasana. Breath-Relaxing.
- „Ich beginne nun mit AT-Locker."
- „Ich bin vollkommen ruhig!" 6mal.
- Kurzdurchgang AT-Schwere.
- Kurzdurchgang AT-Wärme.

- Lockern Sie nun Ihren Körper nach dem bei AT-Schwere und -Wärme gelernten Schema, von den Armen bis zu dem Füßen abwärts ...
- AT-Locker-Abschluss:
- „Ganzer Körper schwer und warm und locker." 6mal.
- „Ich bin vollkommen ruhig und entspannt." 3mal.
- „Hals locker, Gesicht locker, Kopfhaut locker, Stirn angenehm kühl, Gedanken klar." 3mal.
- Beenden Sie mit: „AT-Locker beendet. Ich bin vollkommen ruhig und entspannt. Meine Gedanken sind klar." 1mal.
- Nehmen Sie gründlich zurück.
- Wärmen Sie ab.

Wenn Sie AT-Locker elaborieren, beginnen Sie, Entspannungsstufe 2 zu etablieren und die Anfänge von Entspannungsstufe 3 zu entwickeln. Sie können nun AT-Locker in Ihr sitzendes Asana übertragen. Im Savasana fahren Sie dann fort mit:

AT-Solar

Übungsanweisung

- Savasana. Breath-Relaxing.
- „Ich beginne nun mit AT-Solar."
- „Ich bin vollkommen ruhig!" 6mal.
- Kurzdurchgang AT-Schwere.
- Kurzdurchgang AT-Wärme.
- Kurzdurchgang AT-Locker
- Trainieren Sie, diesen Abschnitt innerhalb von ca. 10 Minuten mit optimalem Ergebnis durchführen zu können, dann:

- „Ich bin vollkommen ruhig!"
- ca. 5 Minuten: „Atmung ruhig und gleichmäßig."
- ca. 5 Minuten: „Herzschlag ruhig und gleichmäßig."
- ca. 10 Minuten: „Solarplexus strömend warm."
- Die vorherigen Formeln nicht mantrieren, sondern sparsam suggestiv einsetzen und indifferent das Ergebnis beobachten. Nichts forcieren, sondern den Stoffwechsel langsam, ruhig und locker immer weiter absenken.
- AT-Solar-Abschluss:
- „Ganzer Körper schwer und warm und locker." 6mal.
- „Ich bin vollkommen ruhig und entspannt." 3mal.
- „Hals locker, Gesicht locker, Kopfhaut locker, Stirn angenehm kühl, Gedanken klar." 3mal.
- Beenden Sie mit: „AT-Solar beendet. Ich bin vollkommen ruhig und entspannt. Meine Gedanken sind klar." 1mal.
- Nehmen Sie sehr (!) gründlich zurück.
- Wärmen Sie ab.

Mit AT-Solar können Sie Entspannungsstufe 3 etablieren. Wenn Sie AT-Solar im Savasana beherrschen, können Sie anfangen, es in ein sitzendes Asana zu übertragen.

Es kann passieren, dass Sie bei AT-Solar ein intensives Empfinden von „Fallen", „Tiefe", „Fließen", „Strömen", „Schweben" oder „Fliegen" erleben. Solche Empfindungen können recht abrupt einsetzen und zuerst beängstigend wirken. Bleiben Sie ruhig und regulieren Sie Ihren Stoffwechsel. Wenn Sie diese Erfahrungen verarbeiten können, können Sie sie auch als Formeln (einfach das jeweilige Wort verwenden und koppeln) willentlich reproduktionsfähig machen.

5.3. Tagespläne und Monatschecks

In diesem Kapitel wollen wir einige sowohl für den Anfänger wie auch für den Fortgeschrittenen nützliche Methoden dafür beschreiben, wie er sich jederzeit über den Verlauf seiner meditativen Entwicklung Klarheit verschaffen kann – es ist wichtig, stets seine Erfolge aber auch eventuelle Stagnationsprobleme im Blick zu behalten. So haben Sie Ihre Entwicklung Griff: Sie können erkennen, was Sie bereits geschafft haben und was als Nächstes zu tun ist!

Erfolgsskizzen

- Besorgen Sie sich einen A2-Kalender – eines dieser Riesenteile, mit denen Sie das ganze Jahr im Überblick haben und auf denen jeder Tag ein Kästchen für sich hat.

  - In diesen Kalender tragen Sie täglich Ihre Meditationsergebnisse ein, und zwar Ihre täglichen Bestergebnisse. Dann steht da beispielsweise für den 9. Januar: A2, Ek1, E2 (was bedeutet: Aufmerksamkeitsstufe 2, Ekstasestufe 1, Entspannungsstufe 2 erreicht).

  - Am Ende einer jeden Woche markieren Sie sich den erfolgreichsten Tag dieser Woche. Verwenden Sie dafür einen gelben Textmarker.

  - Am Ende eines jeden Monats markieren Sie den erfolgsreichsten Tag dieses Monats. Blauer Textmarker.

  - So haben Sie im Blick, wie oft Sie Ihr bestes Ergebnis erreicht haben und wie groß der Abstand zum nächsten Bestergebnis ist.

- Fertigen Sie sich jede Woche einen Meditations-Plan an: Legen Sie Ihre Meditations- und Körperübungszeiten fest und halten Sie sich daran.
- Führen Sie täglich Tagebuch:
  - Von wann bis wann meditiert?
  - Welche Ergebnisse in den Meditationen erreicht? – Verwenden Sie zur Aufzeichnung unser Stufensystem und beschreiben Sie besondere Phänomene sinnlich wahrnehmbar, zum Beispiel: „Kribbeln in den Beinen, vergleichbar mit dem Empfinden, das entsteht, wenn man die Kontakte einer Batterie mit der Zunge berührt" oder „Wärmeempfinden im Bauch, ähnlich wie eine Heizung bei 25 Grad" ...
  - Halten Sie Ihre Tagebuchberichte kurz und achten Sie darauf, dass Sie nicht mystifizieren.
- Machen Sie einen Wochencheck:
  - Notieren Sie in Ihrem Tagebuch Ihre Erfolge:
    - „Habe ich mich diese Woche verbessert?"
    - „Worin genau und wann genau?"
    - „Kam nach dem Erfolg ein Einbruch?"
    - „Wie bin ich damit umgegangen?"
- Machen Sie einen Monatscheck:
  - Notieren Sie in Ihrem Tagebuch die Fortschritte, die Sie diesen Monat gemacht haben.
  - Vergleichen Sie Ihre Ergebnisse mit den vorherigen Monaten. Zeichnen Sie eine Erfolgskurve für Ihre Entwicklung

von Konzentration, Entspannung und Ekstase über die Monate hinweg.

5.4. Meditation – Perspektiven und Selbstzweck

Nun kennen Sie unseren neuen Ansatz. Er bedeutet viel Arbeit, aber auch viel Freude. Wenn Sie mit unseren Zielen übereinstimmen, wird Ihnen die Arbeit nicht zuviel sein. Aber auch dann, wenn Sie erstmal nur recht wenig Zeit für Meditation erübrigen können oder wollen, wird Ihnen das Vorgehen nach klaren Konzepten schneller befriedigende Erfolge verschaffen!

Selbstzweck

Die Erfahrungen, die Sie in der Meditation machen, motivieren zum Weitermeditieren. So kann Meditation zum Selbstzweck werden. Konzentration, Entspannung und Ekstase sind seltene Erlebnisse, der gewöhnliche Alltag bietet keine vergleichbaren Alternativen.

Erfolge

Meditation schafft Selbstbewusstsein und Kreativität. So wird derjenige, dessen Ziele darin bestehen, im Beruf erfolgreich zu sein, Meditation als Mittel zum Zweck einsetzen können. Aus gespieltem, gequältem Lachen wird freies Lachen, aus Alltagsdruck wird Selbstverwirklichung.

„Magische" Phänomene

Telepathie, Telekinese, Zukunftsschau, Astralerfahrungen ... sind Begleiterscheinungen der Meditation. Dem Einen sind sie Störungen, der Andere findet sie erstrebenswert, beide lernen über die Meditation, mit solchen Phänomenen umzugehen.

6. Einige traditionelle Grundbegriffe der Meditation

Basierend auf Erfahrung und Tradition haben wir Ihnen ein seiner Struktur nach völlig neuartiges und einzigartiges Meditationsmodell beschrieben, das es jedem, je nach seinen persönlichen Ansprüchen, ermöglicht, die Gestaltung seiner meditativen Entwicklung gezielt selbst in die Hand zu nehmen. Vielleicht haben Sie sich ja bereits mit traditionellen Meditionskonzepten beschäftigt oder möchten das noch tun und fragen sich nun, wie die traditionellen Konzepte mit dem hier vorgestellten Meditationsmodell in Zusammenhang gebracht werden können. Dazu einige Ansätze:

Meditation

6.1. Asana

Auch im buddhistischen System oder im Yoga meint Asana: Den Körper ruhigstellen. Asana bedeutet „Stellung". Sie nehmen eine vordefinierte Körperhaltung ein und ändern diese über eine festgesetzte Zeit nicht mehr. Ziel dabei ist es, Körper und Geist in Einklang zu bringen, so dass beide sich nicht mehr gegenseitig hemmen.

Anfangs mag Asana gar nicht schmerzen, nach und nach jedoch immer mehr. Doch irgendwann werden Sie es erleben, dass Ihr Asana bequem ist.

Ein Asana ist aus Sicht des Geistes genau dann ein Asana, wenn es dazu nützt, alle Störungen, die der physische Körper scheinbar verursacht, abzuschalten, zum Beispiel Schmerzen, Hunger, Hitze, Kälte, Berührungsempfindungen. ... Aus Sicht des Körpers ist ein Asana genau dann ein Asana, wenn der Geist endlich aufhört, ihm mit seinen ewigen Kontrollbedürfnissen auf den Senkel zu gehen, so dass er tatsächlich mal ungestört und effektiv die ihm zufallenden Aufgaben erledigen kann.

6.2. Pratyahara

Pratyahara ist eine Folge aus Asana und Aufmerksamkeit. Es meint, dass Sie alle Sinne, außer denjenigen, auf dem Sie meditieren, abschalten. Beispiel: Wenn Sie eine Mantra-Meditation machen, dann ist nur der *Sinn* „internes Hören" eingeschaltet. Je tiefer Sie meditieren, desto mehr schalten Sie die für Ihre Meditation nicht benötigten Sinne ab:

Ihr Körperempfinden verschwindet, Sie hören keine Außengeräusche mehr, es wird völlig schwarz vor Ihren Augen ...

Die reinste Form des Pratyahara ist die, bei der Ihnen Aufmerksamkeit auf das MO völlig leicht fällt, weil alles andere Interessante plötzlich verschwunden ist. Das ist der erste Schritt hin zu Dharana.

6.3. Dharana

Wenn Sie nach dem MO greifen und die Sache auf einmal wechselseitig wird, nämlich das MO auf Sie zukommt oder Sie zu sich hinzieht, Sie unabirrbar auf es hinstreben wollen und es Sie förmlich ansaugt, bis das MO eine spürbar materielle Stabilität entwickelt hat, an der Sie glauben sich festhalten zu können, um bis ans Ende des Universums zu reiten, dann haben Sie Dharana: Konzentration! Alle Aufmerksamkeit ist auf das MO gerichtet, nichts stört mehr. Die einzige Differenz, die Sie noch setzen, ist: Hier bin ich, der ich mich konzentriere – dort ist mein MO, auf das ich mich konzentriere.

6.4. Dhyana

Dhyana meint ein Phänomen, welches bei Konzentration sporadisch und bei Bewusstheit häufiger auftritt: Sie verlieren sich selbst im MO. Das bedeutet, dass Sie die Differenz Ich/MO nicht mehr setzen, sondern für kurze Momente das MO SIND.

6.5. Samadhi

Samadhi entspricht der Ekstasestufe *Glück*. Sie können Samadhi auch als eine Vertiefung von Dhyana verstehen. Wer Samadhi (*Glück*) erlebt und dies hinterher zu beschreiben versucht, greift nicht selten zu Formulierungen wie: „Alles in einem", „Nichts und alles", „Auflösung des Ich", „Punktuelle Grenzenlosigkeit", „Habe mich im MO verloren" ... Wenn Sie Samadhi erfahren, werden Sie ähnlich verwirrt sein. Unser Vorschlag besteht darin, Samadhi als den ersten Schritt dahin zu betrachten, auf einer höheren Ebene wahrzunehmen.

Samadhi beinhaltet auch eine Gefahr: Wer bis dorthin gelangt und sich nicht vollständig darüber im klaren ist, was er dort will und macht und wie es weitergehen soll, kann alles verlieren und hernach zu einem erstklassigen Mystifikado oder Träumer ohne jeglichen Realitätsbezug werden.

Um zu Samadhi zu gelangen, konzentrieren Sie sich solange, bis auch die letzte noch vorhandene Störung eliminiert ist: Ihre Ich-Identifikation. Irgendwann aber kommen Sie aus Samadhi auch zurück. Was und wie Sie in diesem Moment des Wiedereintretens in die Welt denken, ist besonders wichtig, denn Sie bauen damit ein neues „Ich" auf. Das Material, aus dem Sie jetzt bauen, bestimmt Ihre zukünftige Ich-Struktur: Edles Material, edle Ich-Struktur – mülliges Material, müllige Ich-Strukur. Samadhi allein läutert Sie nicht. Sie müssen sich auf dem Weg hin zum Samadhi selbst befreien, damit Samadhi für Sie zum Reset werden kann, um sich selbst erfolgreich neu zu erschaffen.

7. Literaturanhang

Wir möchten Ihnen an dieser Stelle einige Bücher vorstellen, von denen wir denken, dass sie Ihnen im Laufe Ihrer meditativen Entwicklung von großem Nutzen sein können. Wir haben sie in die Schubladen *Kopftraining* und *Körperschulung* einsortiert.

Meditation

7.1. Kopftrainingsliteratur

7.1.1. Kopftraining für den Anfänger

„Denkspiele vom Reissbrett", Walter Robert Fuchs. Eine einfache und gute Einführung in Logiktraining.

„Rationale Argumentation", Dagfinn Føllesdal, Lars Walløe, Jon Elster. Eine Einführung in die Grundlagen der Kommunikation.

„Kopftraining", Tony Buzan. Neue Lerntechniken für die rechte Gehirnhälfte.

„Wie wirklich ist die Wirklichkeit?" und „Die erfundene Wirklichkeit", Paul Watzlawick. Gute Einstiegsliteratur in das Thema Konstruktivismus.

„Über die Klarheit unserer Gedanken", Charles S. Peirce. Eine pragmatische Einführung in das Funktionieren von Sprache.

7.1.2. Neue Perspektiven für den Anfänger

„Körper, Geist und neue Physik", Fred Alan Wolf. Medizin und Naturwissenschaft brillant mit Quantenphysik gemischt.

„Die Sphinx und der Regenbogen", David Loye. Wie Präkognition funktioniert oder auch nicht.

„Der Pulsschlag des Universums", George Leonard. Eine Schwingungstheorie, die Telekinese und Telepathie erklärbar macht?

„Die Struktur der Magie", 2 Bände, Richard Bandler und John Grinder. Die Psychologie der Sprache und ihre

Zusammenhänge mit Problemen des Individuums und der Kommunikation.

„Spiele der Erwachsenen", Eric Berne. Tricks der Menschen zwecks Selbstbetrug, Statusgewinn und Zeitvertreib.

„Die Transaktionsanalyse in der Psychotherapie", Eric Berne. Die Grundlagentheorie zu „Spiele der Erwachsenen".

7.1.3. Kopftraining für den Fortgeschrittenen

„Der Baum der Erkenntnis", Humberto R. Maturana und Francisco J. Varela. Ein Grundlagenwerk zum Konstruktivismus.

„Erkennen: Die Organisation und Verkörperung von Wirklichkeit", Humberto R. Maturana u.a. Konstruktivismus genauer erklärt.

„Theorie sozialer Systeme", Niklas Luhmann. Systemtheorie auf sozialer Ebene – eine Supertheorie, die Ihr gewohntes Denken überschreitet.

„Liebe als Passion", Niklas Luhmann. Systemtheorie und Liebe.

„Funktion der Religion", Niklas Luhmann. Wie Religion zustande kommt und welche Funktion sie für den Einzelnen und für die Gesellschaft hat.

„Vom Sein zum Werden", Ilya Prigogine. Über Zeit und Komplexität.

„Die Selbstorganisation des Universums", Erich Jantsch.

7.2. Körperschulungsliteratur

„Richtig Yoga", Hans H. Rhyner. Hatha-Yoga-Reihen für Anfänger und Fortgeschrittene.

„Bioenergetik für Jeden", Alexander Lowen. Grundlagenmodell und Bioenergetikpraxis vom Erfinder selbst.

„Secrets of Alexander Technique", Robert MacDonald, Caro Ness. Gesund durch richtige Haltung.

„Indirect Procedures", Pedro del Alcantara. Alexander-Technik für Fortgeschrittene.

"Pilates für Einsteiger – Das all-in-one-Übungsbuch für Zuhause", Dieter Grabbe. Die Alternative zu Yoga.

"Ballooning – Top in Form mit dem DIDI-Balloon", Dieter Grabbe. Die sanfte Ergänzung zu Yoga und Pilates.

„Forever young", Ulrich Strunz. Der Laufpapst zu Laufen, Fitness und Ernährung.

„Natürliches Laufen", Matthias Marquardt. Laufen lernen als natürliche und stressfreie Erfahrung.

„Bodybuilding für Männer", Arnold Schwarzenegger. Das Standardwerk für Anfänger und Fortgeschrittene.

„Bodybuilding für Frauen", Arnold Schwarzenegger. Das Standardwerk für Frauen angepasst.

„Master Cheng's New Method of Tai Chi Chuan Self-Cultivation", Cheng Man Ching.

„Chen Tzu's Thirteen Treatises on Tai Chi Chuan", Cheng Man Ching.

8. Schlusswort

Wir haben uns bemüht, für Sie ein Buch zu schreiben, in dem Vieles steht, aber nicht Alles vorgezeichnet ist.

Viel Erfolg!
Ralf Löffler & Gitta Peyn

Abbildungsverzeichnis